中国通史 宋辽金

我的第一本

主编◎李 默

中国·广州

图书在版编目（CIP）数据

我的第一本中国通史·宋辽金史 / 李默主编. — 广州：广东旅游出版社，2014.1
（2025.6 重印）

ISBN 978-7-80766-751-3

Ⅰ.①我… Ⅱ.①李… Ⅲ.①中国历史—辽宋金元时代—青年读物 ②中国历史—辽宋金元时代—少年读物 Ⅳ.①K209

中国版本图书馆CIP数据核字（2013）第293672号

出 版 人：刘志松
策划编辑：蔡　璇
责任编辑：贾小娇
封面设计：唐艺森
内文设计：邓传志　冼志良
责任技编：冼志良
责任校对：李瑞苑

我的第一本中国通史·宋辽金史
WODE DIYIBEN ZHONGGUO TONGSHI · SONGLIAOJINSHI

广东旅游出版社出版发行
（地址：广东省广州市荔湾区沙面北街71号首、二层　邮编：510130）
北京兰星球彩色印刷有限公司
（地址：北京市朝阳区光华路丙12号1号楼6层707）
开本：787毫米*1092毫米　1/16
印张：12
字数：195千字
版次：2014年1月第1版
印次：2025年6月第1版第4次印刷
定价：49.80元

版权所有　侵权必究
本书如有错页倒装等质量问题，请直接与印刷厂联系换书。

世间公认，中华文明是人类历史上缔造的最光辉绚丽的文明之一。我们有责任将这一伟大文明的优秀传统普及于国人，进一步介绍于世界。达到这个目的的一种重要方法，就是编著图文并茂的中华文明史。

我国古代的学者，早就提出过"左图右史"的理想，希望用直观的图像来补充文字描述的不足。只是由于当时材料、技术条件的限制，这种愿望无法充分实现。近代各类文物发现众多，尤其是考古学在中国发展之后，编写文字与图像并重的历史书籍的条件便齐备了。

早期有些学者的想法，是给历史研究配置一套参照的图像。这个思想的滥觞，或许可以追溯到明代《三才图会》之类的书籍。日本学者编印的《东洋文化史大系》等等，思路是相近的。在国内，专以文物为主，开此类图谱先河的，是郑振铎先生的《中国历史参考图谱》，曾经广泛流行。不过郑先生的书纯系图集，尚未能收图文互补的效果。同为郑先生编的《插图本中国文学史》，图文兼备，更为读者欢迎，但只限于文学史方面。

近年，很多人想到要编著大规模的"插图本中国通史"，并做了若干尝试。广东旅游出版社推出这部《我的第一本中国通史》，应该说是成功的。这部书重点在于论述中华文明，贯穿以整个历史的纵线，其文字、图片的版面彼此相当，内容同样丰富，真正做到了图文并茂。

图文并重的中国文明史，就方向而言，有利于历史学和考古学的进一步结合。考古学本身是具有独立的理论和方法的学科，然而中国考古学从一开始便以同历史学的密切结合为特点。大家知道，王国维先生20世纪20年代在清华国学研究院讲义《古史新证》中提出的"二重证据法"，在方法论上为考古学的建立发展开拓了道路。"二重证据法"指文献同文物的互相印证，即蕴含着历史、考古的结合。亲手在中国开展考古学工作的考古学家，都以探索和重建古史为职志。最早得到大规模系统发掘的遗址殷墟，其被选定正是出于这样的要求。长期领导中国科学院（后属中国社会科学院）考古研究所的夏鼐先生，1984年在《什么是考古学》文中说，考古学和利用文献记载进行研究的狭义历史学不同，研究的对象只是物质的遗存，但两者同以恢复人类历史的本来面目为目标，如车之两轮，鸟之两翼。对于了解中国有着悠久的文明和丰富的文献传统的人们来说，中国考古学的这种特点乃是自然的。

尽管历史与考古有如此密切的关系，把两者很好地结合起来仍不是容易的事。认识历史文献和考古成果，分别需要特殊的学习与训练。特别是考古学的研究收获，并非轻易就能融会到历史研究中去。在历史知识的普及上，怎样结合考古文物也很不简单。《我的第一本中国通史》在这两方面做了很大努力，使全书成了真正的"纸上博物馆"，成绩是值得肯定的。

说考古学的对象是物质遗存，不等于讲这种遗存仅为物质文化。可能有读者知道，拙见以为每种人类的物质遗存都在不同程度和层面上反映当时的精神文化。大至古城址、陵墓群，小到一件兵器、一个配饰，无非中华文明的产物，寄寓着先民的意念与精神。所以，我们探索中华文明萌生形成、发扬光大的历程，不可缺少考古文物。这正是"纸上博物馆"胜其他类型的史籍之处。

然而，作为文物考古研究对象的物质遗存，以及由这种遗存所能导出的内涵，究竟是有限的。过去的世界，不可能完整地以遗存的形式保留下来，我们不应当希望考古学能够将《史记》、《汉书》包含的种种全面揭示在人们眼前。因此，在为历史配图时，总是有太多的遗憾，甚至于不很需要的地方，文物数量繁多过剩，十分需要的场合，有关文物却很少，以至一件也没有。这就要求书的编者广为搜集，又精加选择。《我的第一本中国通史》在这一方面也是做得好的。

这便是我在此要写几句话，向读者推荐的理由。

李学勤

目录

五代十国

朱全忠建梁·五代开始	4
徐温专吴权	4
【人物小辞典】朱温	5
【文化小辞典】五代发展皱法	6
康王之乱·梁走向衰亡	7
契丹称帝建元	7
吴与吴越征战	8
【文化小辞典】契丹文字创成	9
契丹大举南侵	10
晋王李存勖建立后唐	10
吴越立国	11
【逸闻趣事】唐庄宗宠优伶	12
后唐庄宗死·明宗即位	13
楚国建立	13
东西川联合反唐	14
【人物小辞典】杜光庭	15
王延钧称帝·闽国内乱	16
孟知祥据两川建国	16
【逸闻趣事】蒋承勋出使日本	17
石敬瑭起兵·灭后唐建后晋	18
【人物小辞典】石敬瑭	19
契丹建国号辽	20
刘知远称帝建后汉	20
后汉三镇连叛	21

郭威灭汉建国 …… 22
刘崇建北汉 …… 23
南唐设科举 …… 24
周汉战于高平 …… 24
【文化小辞典】周蜀刻《九经》 …… 25
柴荣即位后周 …… 26
【逸闻趣事】周世宗选兵与毁佛铸钱 …… 26
五代滥施刑罚 …… 27
汴梁城形成 …… 28
栖霞寺舍利塔建成 …… 29
【人物小辞典】李璟、李煜父子 …… 30
【文化小辞典】《花间集》 …… 31
辽行新历 …… 31
五代史学著作《旧唐书》和《唐会要》编成 …… 32
顾闳中作《韩熙载夜宴图》 …… 33

宋辽金夏

陈桥兵变·赵宋代周 …… 36
赵匡胤加强中央集权 …… 36
宋废除宰相坐议礼 …… 37
【逸闻趣事】杯酒释兵权 …… 38
宋国子监开学 …… 39
《宋刑统》颁布 …… 40
宋设置茶叶专卖市 …… 40
【文化小辞典】秧歌 …… 41

目录

宋行募兵制 …………………………………… 42
铜版印刷出现 ………………………………… 43
西藏喇嘛教形成 ……………………………… 43
【人物小辞典】文字学家、画家郭忠恕 ……… 44
【人物小辞典】武将杨业 ……………………… 45
宋朝科举制完善 ……………………………… 45
宋平北汉·五代十国结束 …………………… 46
辽太后摄政 …………………………………… 47
宋军北伐大败于岐沟关 ……………………… 47
李继隆败契丹 ………………………………… 48
【人物小辞典】道士陈抟 ……………………… 49
【文化小辞典】《百家姓》、《三字经》 ……… 50
宋太宗去世·真宗即位 ……………………… 51
王小波、李顺起义 …………………………… 51
宋设置市舶司 ………………………………… 52
柳开倡导古文运动 …………………………… 53
【文化小辞典】宋角抵、手搏流行 …………… 55
【逸闻趣事】火焰喷射器 ……………………… 56
宋设立翰林医官院和太医局 ………………… 57
辽捺钵制度 …………………………………… 58
契丹大举南攻·澶渊之盟订立 ……………… 58
宋辽和睦·设市贸易 ………………………… 59
伊斯兰教兴盛于海港城市 …………………… 60
宋行封禅尊孔 ………………………………… 61

3

【文化小辞典】超新星爆发记录 ………………………… 62
宋小景山水画繁荣 ………………………… 62
宋话本小说兴起 ………………………… 63
茶成为生活必需品 ………………………… 64
宋租佃关系主宰农村 ………………………… 65
【人物小辞典】范仲淹 ………………………… 66
宋铜钱鼎盛 ………………………… 66
宋特殊货币区形成 ………………………… 67
天台埭治河工程完成 ………………………… 68
【文化小辞典】计时器莲花漏 ………………………… 69
宋矿冶业的发展 ………………………… 69
《武经总要》成书 ………………………… 70
【人物小辞典】欧阳修 ………………………… 71
【逸闻趣事】宋人薄葬 ………………………… 72
元昊即位建西夏 ………………………… 72
西夏文字创立推行 ………………………… 73
宋改革淮南盐法 ………………………… 74
庆历新政开始 ………………………… 75
宋夏庆历和议成 ………………………… 76
【文化小辞典】契丹医术 ………………………… 78
毕升发明泥活字 ………………………… 79
【文化小辞典】中国象棋定型 ………………………… 80
西夏巫术盛行 ………………………… 81
修凿灵渠 ………………………… 82

目 录

宋纸钱流行 ……………………………………… 83
　【逸闻趣事】欧阳修弹劾包拯 …………………… 84
　【人物小辞典】包拯 ………………………………… 84
西夏倡佛 ………………………………………… 85
苏轼开拓宋词・"豪放派"词风出现 ………… 86
宋改革科举制度 ………………………………… 87
王安石变法 ……………………………………… 89
新法引争论王安石罢相 ………………………… 89
　【人物小辞典】王安石 ……………………………… 91
　【人物小辞典】苏轼 ………………………………… 91
宋实行方田均税法 ……………………………… 93
宋辽划分边界 …………………………………… 93
曾巩论宋财政 …………………………………… 94
宋神宗去世・变法失败 ………………………… 95
司马光编著《资治通鉴》 ……………………… 96
沈括著《梦溪笔谈》 …………………………… 97
　【人物小辞典】苏颂 ………………………………… 98
宋夏爆发平城之战 ……………………………… 99
罗盘西传 ………………………………………… 100
"三苏"成为古文运动中坚 …………………… 101
　【逸闻趣事】多种多样的宋人称谓 ……………… 102
　【人物小辞典】误国大臣蔡京 …………………… 103
　【文化小辞典】《清明上河图》 …………………… 104
宋代报纸迅速发展 ……………………………… 105

宋置安济坊……………………………………… 106
妇女裹头裹足开始流行………………………… 107
【人物小辞典】李清照………………… 108
阿骨打建金反辽………………………………… 108
宋帝不营寿陵…………………………………… 110
宋封大理国王…………………………………… 111
金攻陷辽五京…………………………………… 112
宋江方腊起义失败……………………………… 113
宋代重商思想抬头……………………………… 114
【文化小辞典】宋剪刀定型…………… 115
金筑金长城抵御外敌…………………………… 116
佛教入金………………………………………… 116
皮影戏形成……………………………………… 118
金军进攻宋京・李纲坚守开封………………… 119
两宋民间武术组织兴盛………………………… 120
三镇军民反割地………………………………… 121
金攻陷开封・掳走二宗………………………… 122
宋高宗即位改元建炎・南宋开始……………… 123
秦桧南归………………………………………… 124
岳飞开始北伐…………………………………… 125
宋金开始议和…………………………………… 126
高宗下诏・岳飞被迫班师……………………… 128
【人物小辞典】名将岳飞……………… 129
韩世忠大破金兵………………………………… 130

目 录

南宋建都临安 …………………………… 130
宋金绍兴议和成 ………………………… 132
南宋突火枪开始使用 …………………… 133
【文化小辞典】中国新娘开始坐花轿……… 134
金制定法币 ……………………………… 135
宋广泛流行导引术 ……………………… 136
金迁都燕京·营造中都 ………………… 137
【逸闻趣事】杀人祭鬼…………………… 138
海战兴起 ………………………………… 139
全真教兴起 ……………………………… 140
宋孝宗即位 ……………………………… 141
隆兴和议 ………………………………… 142
南宋整顿会子 …………………………… 143
中国创造火箭 …………………………… 144
【人物小辞典】辛弃疾…………………… 145
【人物小辞典】朱熹……………………… 146
禅宗开始东渡 …………………………… 147
宋海外贸易扩大 ………………………… 148
宋代车船发展成熟 ……………………… 149
宋南方土地利用技术突破 ……………… 150
【逸闻趣事】林栗弹劾朱熹……………… 151
卢沟桥修建 ……………………………… 152
"四书"成为标准教科书 ………………… 154
王庭筠书法独步金代 …………………… 155

7

宋李皇后擅政 ·· 156
【文化小辞典】十八般武艺 ································ 157
铁木真统一各部建立蒙古国 ································ 158
宋开禧北伐金国失败 ··· 159
金南下侵宋 ·· 160
中国式佛教建筑艺术成熟 ··································· 161
成吉思汗率军西征 ·· 163
玻璃器制造相当发达 ··· 164
宋独尊朱学 ·· 165
【人物小辞典】丘处机与成吉思汗 ······················ 166
【文化小辞典】《西游录》 ································ 167
蒙古军六征西夏·西夏灭亡 ································ 167
宋蒙联军灭金 ··· 169
宋海上丝绸、陶瓷之路通达世界 ························· 169
忽必烈效行汉法筹建元朝 ··································· 170
蒙古政治汉化 ··· 171
【文化小辞典】《武林旧事》 ····························· 173
【人物小辞典】宋慈 ··· 174
宋人揩牙 ·· 175
两宋南北饮食系统 ·· 175

五代十国

大事纪　　●公元907~923年　●公元927~936年

● 公元907年
朱全忠建梁,中国进入分裂,五代十国混战开始。

● 公元916年
契丹王耶律阿保机称皇帝,建元神册。

● 公元923年
晋王李存勖在魏州称帝,建立后唐。

● 公元927年
马殷建立楚国,定都长沙。

● 公元933年
闽王王延钧称帝,国号大闽,改元龙启。

● 公元936年
辽太宗册封石敬瑭为帝,国号晋,史称后晋。

● 公元947年
　刘知远称帝建后汉。

● 公元950年
　郭威灭汉建后周。

● 公元951年
　后汉高祖刘知远的弟弟刘崇（旻）也在晋阳（今太原）称帝，继承汉统，史称北汉。

● 公元947~951年　　● 公元952~954年

● 公元952年
　南唐设立科举制度。

● 公元954年
　郭威养子柴荣即位后周。

朱全忠建梁·五代开始

朱温，即朱全忠，原为黄巢部将，后叛黄巢降唐。唐僖宗不计前嫌，任朱温为左金吾卫大将军，充任河中行营招讨副使，赐名"全忠"。朱全忠兵势强盛，企图篡唐以代之。朱全忠先后兼并淮北、汉水中下游，东迄山东、西接关中，北与燕南、晋南相接，古称中原之地都为朱所占据。朱全忠先后杀昭宗、立幼主、屠诸王、灭朝士，拥兵自重，境外诸藩都不能与之抗衡。当时唐哀帝困居洛阳，在朱全忠掌握之中。

唐天祐四年（907年）正月，哀帝遣御史大夫薛贻矩至大梁慰问。薛返回洛阳告知朱全忠有意受禅。哀帝被逼下诏，定于二月禅位。二月，唐哀帝李柷令文武百官前往朱全忠帅府劝进，湖南、岭南藩镇也上书劝进。三月十三日，哀帝再令薛贻矩赴大梁传禅位之意。二十七日，哀帝正式禅位于梁。唐天祐四年（907年）四月十六日，梁王朱全忠更名朱晃，十八日，梁王即皇帝位，即历史上的后梁太祖。二十二日大赦，改元"开平"，国号"大梁"，以汴州为开封府，称东都。以唐东都洛阳为西都，废唐西京长安，改称大安府，置佑国军。以哀帝为济阴王，迁之于曹州，派兵防守，第二年将哀帝杀死。自此，自唐高祖以来经二十一帝，289年的李唐王朝为梁王朱晃所亡，中国进入分裂，五代十国混战开始。

徐温专吴权

唐天祐五年（908年）杨渥被弑，徐温开始在吴专制政权。淮南地区在唐朝末年一直战争频繁，后来由杨行密据守。唐昭宗李晔授杨行密为吴王，天祐二年（905年）杨行密病逝，由其子杨渥袭位。朱全忠篡唐另立（后）梁即帝位后，淮南杨渥拥兵坐观时局变化，但仍称唐天祐年号。杨渥本人凶残好杀，且昏庸无能，其父杨行密旧部将剩下者寥寥。当时任左右牙指挥使的禁军首领张颢、徐温

◎朱温像

担心杨渥会杀他们，于是在五月率先发动政变，杀吴王杨渥。吴王被弑之后，张颢欲自立王位，幕僚严可求一方面设计阻止，立杨渥之弟杨隆演为王，另一方面联络徐温，以弑君之罪将张颢擒杀，并铲除张颢余党。从此徐温独掌中央禁军，开始专理吴政。

人物小辞典

朱温

朱温（852～912年），即后梁太祖，砀山县午沟里人，兄弟三人。父朱诚死后，家贫，不能为生，与其母佣食萧县人刘崇家。877年，朱温参加黄巢起义，屡立战功，很快升为大将。

882年九月朱温叛黄巢降唐，唐僖宗赐名"全忠"。之后在镇压黄巢起义军的过程中屡建战功，进封为梁王。907年，朱温灭唐称帝，易名朱晃，改年号为开平，建都汴，国号大梁。

梁太祖朱全忠在位时颇重视农业发展，实施了一套安邦定国的措施，他尽最大努力去恢复生产，奖励农耕，采取了一些与民休息的宽容政策，中原的经济得到一些恢复，但因连年战事，民不聊生。朱温生性残暴，杀人如草芥，对部下、战俘、士人均滥杀成性。晚年的朱温更加残暴淫乱，甚至乱伦，包括儿媳都得入宫侍寝。乾化二年（912年）被第三子朱友珪刺杀，享年六十一岁，在位六年。

◎《十六罗汉像》（部分）。相传是前蜀诗僧所绘。

◎五代女舞俑

◎五代女舞俑

五代发展皴法

皴法这种画技由唐人初创，但是在唐代画家山水画中尚未大量使用，只是到了五代，山水画家才把它广泛运用于南北山水画中，使画图更逼真，更具有表现力，很好地表现了崇山峻岭雄伟高迈之势、树木皮质粗糙遒劲之态、岩石突兀不平之貌，并进而影响了后世的山水画家。

主要活动于后梁的荆浩，朝夕观察太行山的壮丽景色，写松数万本，对唐人山水笔墨颇有心得，他的传世作品《匡庐图》写庐山一带景色，在画山水树石时皴染兼用，小披麻皴层次井然，用墨精润而深厚，发挥了唐人水墨画的长处。

后梁的关仝在《山溪待渡图》中，皴法使用相当细密，笔力坚挺。其皴法变化依景物而为之，如各种树木表现皴法有树种、远近、老木新枝等变化；山岩皴法也根据质量、形体状貌而施以不同轻重、粗细、浓密、走向的皴点。

活跃于江南的董源、巨然，创造了不同于荆浩、关仝的山水画风貌。董源山水取南方丰茂秀润、云水葱茏的特质，融汇唐人青绿和水墨技法，独辟蹊径，创造水墨、色彩并用，披麻皴与苔点相结合的画法。董源的水墨矾头披麻皴对后世山水画影响尤为显

◎五代关仝《山溪待渡图》

著，这种画法，中锋用笔，从上而下，左右披拂，如一绺绺芦麻散披其间，十分适合表现江南山丘土原草木华滋的特点。山顶喜作成群相集的小山石（即矾头），缀以苔点。

师法董源的南唐山水画家巨然，山水笔墨清润，也善于长披麻皴，山顶画矾头，常以破笔焦墨点苔，风格比董源奇逸隽秀。

皴法经五代发展，种类越来越繁多，对后世山水画家具有很大影响。

◎五代董源《夏山图》（部分）

◎五代前蜀舞伎

康王之乱·梁走向衰亡

梁末帝朱友贞即位以后，政局不稳，朱氏兄弟间猜忌日重，文武百官议论颇多。康王朱友敬（太祖第八子）认为自己的双目有重瞳，呈现天子之相。后梁乾化五年（915年）十月二十四日夜，乘末帝德妃出葬之机，康王派心腹潜藏在末帝寝殿之中，想杀末帝，却被皇帝的部队发觉并迅速采取措施捉拿凶手，第二天，康王被杀。

自此，朱友贞开始疏远宗室，重用租庸使赵岩及已故德妃兄弟张汉鼎、张汉杰等人。然而张、赵依势弄权，卖官鬻爵，离间旧日将相，一些执政大臣的建议均不用，于是政治日紊，后梁政情每况愈下，终于走向了衰亡。

契丹称帝建元

辽神册元年（916年）十二月，契丹王耶律阿保机自称皇帝，国号契丹，建元神册，国人称天皇王（为辽太祖）。

契丹原为胡服骑射之族，部落众多，各部为疆域、猎物等争夺不断。阿保机出，以良策治军，所在部落日见昌盛，终于统一契丹八部，遏止了纷争。

塞外物资匮乏，契丹便开始了南下的侵略。而此时的中原之地也是寸土必争。群雄逐鹿，能取得外援支持自然更有竞争力，于是中原河北的地方势力亦时常勾引契丹，利用他们实现自己的个人野心，契丹则从中取得实惠或好处。在互相的利用与被利用中，契丹族加强了与中原的接触，中

原先进的文化和政治制度给阿保机以巨大的震撼。

阿保机是个善于学习的人,于是仿效汉制,以妻述律氏为后,置百官,又在城南别建汉城。阿保机自此之后野心更盛,"颇有窥中国之志"。

◎契丹铜镜

不开,叫苦不迭;及船舷相接,使散沙于己船而散豆于吴船,豆为战血所渍,吴兵站立不稳,稍有移动即跌得鼻青面肿。钱元瓘见良机已到,一声"放火!"但见吴船浓烟滚滚,染黑了半边天空,吴兵大败。吴将彭彦章长叹一声,泪流纵横,自刎身亡。

吴军初尝败绩,并不气馁,还以颜色。七月,徐温与钱元瓘战于无锡,吴军顺风点燃久旱之枯草,风助火势,火乘风威,吴越将士乱作一团,互相践踏,死了近万人,钱元瓘只得乘乱逃去。

徐温深感两国征战只会使"民困更甚",倒不如"使两地之民各安其业,君臣高枕",于是致书到吴越,讲述"多杀无为",吴越王钱镠欣然听之,两国息兵,相安无事二十余年,百姓遂暂得安宁。

吴与吴越征战

五代之乱,百姓苦不堪言。919年,吴与吴越两国兵戈相向,残尸遍野,发生狼山、无锡两役。

二月,吴越大举伐吴,战于狼山江。吴越将领钱元瓘命令船上满载灰、豆、沙等物,两兵对阵,先来顺风扬灰,纷纷扬扬,吴兵连眼睛都睁

◎五代乐伎

契丹文字创成

神册五年（920年），辽太祖耶律阿保机由于契丹族政治、经济、军事、文化的发展需要，在文臣耶律突吕不和耶律鲁不古的参与下，依仿汉字创造了契丹国字，即契丹大字。

契丹大字成为表意文字与拼音文字的混合体。其字形结构有点像简化的汉字。有少数是直接借用汉字的形、音、义，还有些只借用汉字的字形和字义，读音则用契丹语来读。契丹大字数量少，笔画简单，仅有一千余字，而十画以上的字约百余。

契丹小字的字母只是发音符号，也就是现代学者所称的"原字"。一般并无字义，只有拼成单词之后才有意义。契丹小字即契丹语单词分别由一至七个不等的原字拼成，并按一定规律顺序堆在一起，单词之间有间隔，极易辨认。每个原字构成的契丹小字为单体字，两个以上原字构成的则为合体字，排列顺序为先左后右、二二下推。款式系自上往下写，向右向左换行。

契丹文字非常适合记录契丹语，故流传于辽和金朝前期，至蒙古灭西辽时，才渐绝于世，至明代，则成为不为人们所识的古民族死文字。现在传世的契丹文字资料，大都是20世纪陆续出土和发现的金石材料，供后人研究。

◎契丹文字《北大王墓志》

◎契丹文大字碑残石

契丹大举南侵

后梁龙德元年、契丹神册六年（921年）十二月，契丹王耶律阿保机（辽太祖）应卢文进之请及受义武节度使王处直子王郁之诱，倾全力南侵，企图灭晋，述律皇后力谏，不听。阿保机派兵南下，首先攻打的是晋之幽州，后转而南下攻克涿州（今河北涿县），遂围定州（今河北定县），定州王都告急于晋，晋王李存勖亲自率领五千精兵前往救援。

翌年（922年）正月，晋王先败契丹前锋万骑，继而又在望都大败契丹军，俘获契丹王之子，契丹撤退，渡沙河，桥狭冰薄，陷溺死者甚众。撤至易州（今河北易县），时值连天大雪，平地数尺，契丹人马饥寒交迫，损失惨重，只好从幽州撤出塞外，晋王追至幽州后班师回朝。契丹大举南侵，历时两月，大败。

晋王李存勖建立后唐

后梁龙德三年（923年）四月，晋王李存勖在魏州（今河北大名东北）正式称帝（是为后唐庄宗），国号大唐（史称后唐），改元同光。后唐正式建立。

后唐始建国，北有契丹进犯幽州，西有泽潞叛附于梁，黄河以南的土地依旧掌握在梁手中，而一年之前

◎五代《番骑图》（部分）

◎五代《番骑图》（部分）

◎李存勖

卫州失守失掉了三分之一的兵力,创业前途未卜。而固守霸业当务之急则是灭掉后梁。

于是,同光元年(923年)闰四月,唐将李嗣源与子从珂率五千槽兵东占梁城郓州(今山东东平西北)。梁闻失郓州,大惊,派精兵数千攻占唐德胜南城,并乘胜取潘张、麻家口、景店等寨。但不到两个月,所占之地又被唐军夺还,此时后梁王朝已经日暮途穷,终于在同年十月为后唐所灭。

后唐号称"大唐",自认为唐朝嫡系,一切法律均从唐旧制,同时,迁都洛阳,遵唐旧制,以洛阳为东都,长安为西京,凡后梁所改军镇之名亦先后恢复唐旧称。后唐复用阉人,视为心腹,不久又依唐制,以宦者为诸道监军,专势争权,引起了藩镇的不满,埋下祸患。不过,后唐对选官的规章条格是比较重视的,建国后便开始整理选举官吏的规则,严格精核选人,对冒滥者严加惩处,已中选之人也参加复试。但是,由于庄宗皇后刘氏性妒、贪财而争权,四方贡献必须纳为两份,一上天子,一入中宫;皇后的教命与帝王之制敕交替下达到藩镇,内外都一样照旨行事,引起了政事的混乱。

内忧外患交织导致后唐的短命,在立国十四年后,于清泰三年(926年)被后晋灭。

吴越立国

后梁龙德三年(923年)二月,梁遣兵部侍郎崔协等为使,册封吴越王钱镠为吴越国王,吴越开始建国,仪卫名称如同天子之制,所居之处称宫殿,府署称朝廷,备置丞相以下的文武百官,辖境之内王之教令称制敕

等。都城在杭州。

吴越国王钱镠，杭州临安人，出身寒微。年轻时贩私盐为生，后应募参军，逐渐掌握军权而占据两浙之地。唐末时被封为越王和吴王。（后）梁初立，吴越为提高自身地位及加强国力，一反吴、蜀做法而向（后）梁示好，被封为吴越王兼淮南节度使，虽受封但对梁不称臣而称吴越国，唯不改元，奉梁年号。是一个表面臣属实际独立的政权。版图在十国之中较为狭小，包括杭、越、湖、苏等13州。

吴越国小力弱，孤处东南，始终对北方朝廷示好纳贡，以联络中原抗衡周边政权为国策，本身注意兴修水利，发展商业及海上交通，但赋役繁重，民众苦不堪言。自开平元年（907年）有国，至太平兴国三年（978年）降于北宋，共历5主，共计71年。

唐庄宗宠优伶

（后）唐庄宗李存勖在位年间（923~926年），不单重新任用阉人，致使宦官干预朝政，同时，优伶也得到了他的宠信。

李存勖自幼擅长音律，并喜好演戏，经常粉墨登场，自取艺名曰"李天下"。他即位后，唐之优伶常得以陪侍左右，多受宠幸。一次，优人敬新磨听到有人自呼为"李天下"，便打其耳光，并说："理天下者只有一人，尚谁呼耶？"庄宗闻听大悦，重赏了他。于是，别的优伶争相仿效，想尽办法讨皇上的欢喜。庄宗对优伶宠信尤胜。

诸伶人出入宫禁，侮弄缙绅，群臣或敢怒而不敢言，或交结攀附以求庇护恩泽。如伶人景进受宠特厚，租庸使孔谦附之求宠，常呼其为"八哥"。四方藩镇也争相贿赂。伶人得以干预政事，但是，朝中文武官员的意见，李存勖不但不加重视，甚至置之不理。同光二年（924年）五月，庄宗非但没有将临阵逃梁的伶人周匝治罪，还任命他推荐的梁优伶陈俊、储德源分别为景州、宪州刺史。而当时随帝身经百战的亲军尚有没得到刺史官职的，闻讯后都大为愤怒，郭崇韬极力谏阻也无效。

◎吴越王印

◎五代乐伎

后唐庄宗死·明宗即位

后唐同光年间（923~926年），灾荒严重，国库空虚，伶宦权贵滥政，致使百姓怨声载道。唐庄宗李存勖自幼擅长音律，并喜好演戏，十分宠信优伶。诸伶人出入宫禁，侮弄缙绅，群臣或敢怒而不敢言，或交结攀附以求庇护恩泽。伶人得以干预政事，而且，朝中文武官员的意见，李存勖不但不加以重视，甚至置之不理。

©天成元宝

本来刚灭掉前蜀增加了后唐政府的威信，但李存勖失政，朝中小人专权，政治混乱，加上天灾人祸，庄宗李存勖的政权已难以维持。于是各地相继起兵造反，战乱几乎波及河朔全部地区，各地乱军剽掠州城，弄得民不聊生。最后众兵拥护蕃汉内外马步军都总管李嗣源。李存勖众叛亲离，四面楚歌，急调随军兵士转徙汴梁，途中闻知李嗣源已进入大梁城，见大势已去，只好回师洛阳。926年四月，他收拾散兵准备讨伐叛臣李嗣源，尚未出发，侍卫军"从马直"又发生哗变，李存勖中流矢死于乱军之中，年四十二岁，在位仅四年。

李嗣源入洛阳为监国，下诏安民，杀依附优伶的租庸使孔谦，废租庸使及内勾司，恢复盐铁、户部、度支三司，罢黜诸道监军使，命诸道尽杀宦官。李嗣源在监国时即声称一待魏王李继岌回到洛阳，便拥立其为帝，但李继岌已在渭南自杀，于是李嗣源便于926年四月正式即位（是为后唐明宗），改同光四年为天成元年（926年），并下诏裁减后官、伶宦及教坊侍佣，减免赋税，整树科学，惩治权佞贪浊，废除苛敛之法，尽革同光之弊。明宗在位六七年间，后唐曾一度出现小康时期。

楚国建立

后唐天成二年（927年）六月，后唐封天策五将军、湖南节度使、楚王马殷为楚国王。马殷便开始建立楚国，定都长沙，立宫殿，置左、右丞相，形如天子之制。群臣都称之为殿下，文武百官都进位加封，将翰林学士改称为文苑学士，知制诰称知辞制，枢密院称左右机要司。但不改元，仍然奉事北方中原朝廷。早在

◎五代玉带

乾宁三年（896年），马殷就已占据湖南，后梁开平元年（907年）被封赐"楚王"称号，自此据守楚地，从南北商旅贸易中牟取巨利，并种茶贩卖、铸铁铅钱，一时富甲南方诸侯。曾派特使庆贺后唐代梁，但闻听庄宗灭前蜀的信息则大为惊恐，怕殃及己身。后探知庄宗李存勖骄恣失政便安心下来。907年，趁后唐明宗即位不久，国家刚获得安定，尚无力外顾，马殷便开始建立楚国。楚国统治区域曾达广西东北部，南唐保大九年（951年）为南唐所灭。

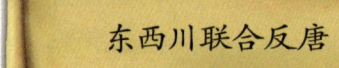

东西川联合反唐

后唐天成五年（长兴元年，930年）东西川节度使董璋、孟知祥先后起兵，联合反唐。

后唐灭前蜀的同时，就先后置下了东西两川节度。不久，西川节度使孟知祥、东川节度使董璋恃兵力、财政割据一方，渐成坐大之势，后唐中

◎五代卫贤《高士图》

央政权越来越难驾驭两川。天成四年（929年）五月，明宗因要举行祀天大礼，命西、东两川分别献钱100万缗和50万缗，两川就以军用不足为由拒绝，所献运不足要求，引起了明宗震怒，开始怀疑两川另有图谋，便下令

割川之阆、梁两州置保塞军，派兵戍守。四川局势渐趋紧张，面对这种难以自安的形势，两川弃前嫌结为儿女亲家以合力抗后唐之命。

长兴元年（930年），明宗见两川实在难制，便决意伐蜀。九月，西川闻讯与董璋相约共同举兵，开始攻打遂、阆两州，杀唐守将李仁矩和姚洪。次年二月，董璋首先揭起反唐旗号，孟知祥继之。同年秋，明宗下令石敬瑭进攻四川，双方展开激战。因为唐兵深入敌腹而后援不足，又遇到两川死力抵抗，致使死伤惨重，只好无功而返。蜀中州县均为两川分别攻占。

人物小辞典

杜光庭

杜光庭（850～933年），字宾圣，号"东瀛子"。处州缙云（今浙江永康县）人。他是南朝道教茅山宗创始人陶弘景的八传弟子，唐末五代的著名道士、道教学者，也是进一步将道教思想义理化的代表人物。杜光庭一生著作颇丰，著名的有《道德真经广圣义》50卷、《常清静经注》、《道教灵验记》、《录异记》、《天坛王屋山圣迹记》、《广成集》、《道门科范大全集》等等。

◎五代白瓷莲花式盘

杜光庭注重研究《道德经》，其道教思想最主要的特征就是以道为本，纳儒入道，调和儒道矛盾。

他继承和发展了唐玄宗时期道家吴钧的做法，在其著作《道德真经广圣义》中，集中表现了他的道教思想。他在这本书的卷三第九中说："仲尼谓敬叔曰：吾闻名聃博古而达今，通礼乐之源，明道德之归，则吾师也。"表明了他的道教思想宗旨即道儒相契合又高于儒。在同一本书中他对这一宗旨作了进一步的发挥，卷五第二十中说："仁以履虚一，礼以不恃不宰，义以柔弱和同，智以无识不肖，信以执契不争，其大旨亦以玄虚恢廓冲寂希微为宗。"从这一发挥中也可清楚地看到，杜光庭的道教思想的目的在于以道为主，融合儒道。他声称老君《道》、《德》二篇非谓绝仁义圣智，在乎抑浇诈聪明，将使君君臣臣父父子子，见素抱朴，混合于太和；体道复元，自臻于忠孝。把孔孟之道统一于老君之道。

他以道为主、融合儒道的宗旨，以及他将茅山家与天师道两派斋醮仪式统一起来，并加以规制化和给予义理方面的说明，均为后世道教所沿用。

王延钧称帝·闽国内乱

闽龙启元年（933年）正月，不满足王号的闽王王延钧正式称帝即位，改国号大闽，改元龙启，并与（后）唐断绝往来，不进职贡。

王延钧为表示与前不同，更名王鏻。追尊父祖，设置宗庙。接着任命李敏、王继鹏、吴勖为枢密使等文武百官。王延钧以闽地国小僻远，常谨事周邻，境内较为安定。但不久之后，便开始大建宫殿，极土木之盛，在政治上重用向以聚敛求媚的薛文杰为国计使搜刮民财，导致建州（今福建瓯）土豪吴光等人的叛乱。王延钧本人在信神嗜巫的同时猜忌宗室，擒杀功臣王仁达，又除掉宗子王继图，诛连多达千余人。

933年11月，叛投吴国的吴光又率兵攻打建州，闽国支持不住，急向吴越求援，同时朝廷内乱，军士和百姓逼王延钧除掉薛文杰以谢国人，很快薛文杰被众人殴死。自此以后吴人退兵，两国重归于好。

孟知祥据两川建国

后蜀明德元年（934年）闰正月，孟知祥在成都称帝建国。

孟知祥是邢州（今河北邢台）龙冈人，曾侍奉李克用，得其赏识。（后）唐灭（前）蜀，孟被委任驻守西川。后兼并东川董璋部，两川之地尽归其有，而知祥独霸称王之志亦复萌生。（后）唐明宗死后，孟知祥拒绝（后）唐封赐，在成都称帝，脱离（后）唐统辖。随后任命赵季良为相、王处回为枢密使。又改元明德。（后）蜀的范围大体与（前）蜀相仿。（后）蜀官员多半是（后）唐的大小将吏。自建国至广政二十八年（965年）灭亡于北宋，前后存32年，历孟知祥、孟昶两代君主。

同年七月，孟知祥在位仅半年就得病而死，子孟仁赞即位，改名昶（是为后主）。昶喜打马球，择采良女充后宫；又挥霍逾制，多杀旧臣，至广政年间开始亲理政事。

◎五代白瓷盒

◎五代王齐翰《勘书图》

蒋承勋出使日本

后唐清泰二年（935年）、日本朱雀承平五年九月，吴越人蒋承勋等赴日本，献羊数只。第二年九月，蒋承勋、季孟张等又至日本，为钱元瓘之使，八月二日，日本左大臣藤原忠平致书状于钱元瓘。此次蒋、季之行，为吴越与日本官方往来之始，此前为客商性质。

至后晋天福三年（938年）、日本朱雀天庆元年七月，蒋承勋再次赴日本，献羊二只，八月，日本大宰府赐给蒋承勋布。

五代时期，吴越因地位东南，多有商船往日本、高丽等地通商。一般利用季节风，夏季往日本，大多经肥前国松浦郡（今日本佐贺、长崎一带）入博多津港，八九月之交返航。蒋承勋于后周广顺三年（953年）又一次以吴越王使者身份出使日本，献书信、锦绮等，日本右大臣托其带致吴越王钱俶的复信。

◎五代四大天王木函彩画

◎五代四大天王木函彩画

◎五代四大天王木函彩画

◎五代四大天王木函彩画

石敬瑭起兵·灭后唐建后晋

后唐清泰三年（936年）十一月，石敬瑭在契丹人的庇护下即皇帝位，建立后晋政权。

后唐河东节度使石敬瑭是后唐明宗之婿，与唐末帝李从珂早年一同追随明宗，均以能征善战著称。石敬瑭归镇回，暗中谋划自全之计，朝中有其妻晋国长公主之母曹太后打探末帝机密，末帝与臣下议事内容，石敬瑭无不知晓。石敬瑭上表称末帝为明宗养子，不应承祀，应传位给许王从益。末帝得表，削石敬瑭官爵，发兵讨河东。

后唐清泰三年（936年）五月，后唐河东节度使石敬瑭反，后唐以建雄节度使张敬达为太原四面兵马都部署，召集兵马驻扎于晋阳（今山西太原南）城南的晋安乡。石敬瑭见后唐大军压境，派掌书记桑维翰草拟表，向契丹称臣，并以父礼事契丹帝耶律德光，以事成之后割卢龙及雁门以北之地入契丹的条件，争取了契丹仲秋之后倾国相助的承诺。

后晋天福元年（936年）闰十一月，后晋高祖石敬瑭借契丹之力破后唐征讨大军于晋安寨，继之又于团柏谷败后唐援军。直到此时，驻跸于怀州（今河南沁阳）的唐末帝才知石敬瑭称帝，唐军大败，连忙返回洛阳。二十六日，后唐末帝李从珂与曹太后、皇后、淮王、宋审虔等携传国宝登玄武楼自焚而死。

当晚石敬瑭入洛阳，后唐亡国。

◎五代南唐男舞俑

五代十国

石敬瑭

人物小辞典

石敬瑭，太原沙陀族人。石敬瑭年轻时朴实稳重，寡言笑，喜兵书，重李牧、周亚夫之行事，隶属李克用义子李嗣源帐下。石敬瑭骁勇善战，屡建战功。

唐末帝即位后，对石敬瑭猜疑颇大，石敬瑭亦疑心重重，二人矛盾日益尖锐。清泰三年（936年）石敬瑭遂决意谋反。他上表指责后唐末帝是明宗养子，不应承祀，要求唐末帝让位于许王李从益（明宗四子）。后唐末帝派遣张敬达将兵三万筑长围以攻太原。石敬瑭自身兵力并不能与后唐对抗，于是以对契丹王称"父皇帝"自称"儿皇帝"，并割让燕云十六州给契丹作为条件，向契丹求援借兵。契丹王耶律德光知道后大喜，以兵援之，大败后唐张敬达。

◎五代青釉壶

同年（936年）十一月，契丹王作册书封石敬瑭为大晋皇帝，改元天福，国号晋，即位于柳林（今山西太原市东南）。

同月，石敬瑭攻入洛阳，后唐亡。石敬瑭称帝后，很守"信用"，割燕云十六州给契丹，承诺每年给契丹布帛三十万匹。石敬瑭对于契丹百依百顺，非常谨慎，每次书信皆用表，以此表示君臣有别，称太宗为"父皇帝"，自称"臣"，为"儿皇帝"。

石敬瑭为人辩察，多权术，好自矜大，穷奢极欲，宫殿悉以金玉珠翠为饰。他对契丹百依百顺，但对百姓却如虎狼一般。石敬瑭晚年尤为猜忌，不喜士人，专任宦官。晚年时，石敬瑭与契丹关系交恶，国内民心离散，部下拥兵自重，因为这样他忧郁成疾，在屈辱中死去，时年五十一岁，葬于显陵（今河南宜阳县西北）。

契丹建国号辽

大同元年（947年）二月初一，契丹建国号辽，改元大同，以镇州（今河北正定）为中京。前一年十二月，契丹大军前锋军在原后晋降臣张彦泽的率领下攻陷后晋首都大梁（今河南开封），晋出帝降契丹，后晋亡国。次年正月初一，契丹帝耶律德光率后续大队人马进入大梁城，废去东京并降开封府为汴州。然后耶律德光发布诏书给原后晋各藩镇赐名，原后晋藩镇于是争先恐后上表向契丹称臣，以免为契丹所灭。

但是，泾州彰义节度使史匡威却坚决不受契丹的统治。另外，雄武节度使何重建甚至还把契丹派来的使者杀掉，然后投降了后蜀。原后晋密州刺史皇甫晖、棣州刺史王建则率众逃奔南唐去了。河东节度使刘知远也上表契丹，假意祝贺其取得汴州，实际上是虚以应付、以观形势变化。南唐还专门派特使来朝祝贺契丹灭晋。

大同元年（947年）二月初一，契丹王耶律德光着汉人衣冠，登正殿，受百官朝贺，全国大事庆典，辽国建立。是为辽太宗。

刘知远称帝建后汉

辽大同元年（947年）二月，原后晋河东节度使刘知远在辽灭后晋之后，以中原无主为由在太原即皇帝位，国号为汉，是为后汉高祖。

刘知远（895～948年），即位后改名为刘暠，沙陀部人。后唐明宗时，在河东节度使石敬瑭部下任押衙，石敬瑭密谋河东称帝时，刘知远也出点子，但对石敬瑭向契丹称儿、称臣、割地、输财的做法却很有异议，认为父事契丹太过分了，每年输金帛以邀契丹发兵即可，不必割地，否则以后必为中原大患。但这些建议不为石敬瑭所采纳。后晋建国后，刘知远先后任陕州、许州、宋州节度使，邺都、北都留守，天福七年

◎五代胡瑰《卓歇图》（部分）。契丹可汗率部下骑士出猎后歇息饮宴的情景。

后汉三镇连叛

◎刘知远像

（942年）被封为北平王。刘知远在河东杀吐谷浑部白承福等，没收其精兵、财产，以至于后来河东成为诸藩镇中最富强的一个。契丹大肆进攻后晋的时候，河东为了自保，并不出兵援助后晋朝廷，因此刘知远的实力丝毫未受损失。刘知远称帝后，辽太宗耶律德光因中原人民反抗甚烈而北归，刘知远便乘虚挥兵攻入大梁（今河南开封），再以汴州为东京，改国号为大汉（史称后汉），同时立魏国夫人李氏为皇后，文武百官各有安置。后汉统辖区域与后晋差不多，历刘知远、刘承祐（后汉隐帝）二帝，仅存四年，是五代十国期间最短命的王朝。

乾祐元年（948年）三月，据守河中的节度使李守贞举兵反叛后汉朝廷，同期先后一起谋反的还有京兆牙兵军校赵思绾和凤翔（今陕西凤县北）巡检使王景崇等。李守贞本是后晋将领，晋出帝末年与杜重威一起在北方抵御契丹，随后降附。后汉立国后，刘知远委任李守贞为河东节度使。等刘知远死后，杜重威被杀，李守贞见继位的皇帝年幼，执政的人都是后起之辈，于是开始轻视朝廷。不久，李守贞便打起反对后汉的旗帜，自己自称秦王，并任命赵思绾为晋昌节度使，同

◎五代北汉天王立像

时还私通契丹和蜀等国,企图获得别国支持而使自己的反叛合法化。

后汉朝廷闻知李、赵、王三镇联合起兵造反,立刻调派数路主力大军讨伐叛军。但是讨伐河中李守贞与讨伐长安赵思绾的将帅不和,导致久不肯攻战。到八月,后汉命郭威为西面军前招慰安抚使,节度诸军。郭威听取镇国节度使扈从珂的建议,以李守贞为首要征讨对象,认为李守贞一亡另两镇自然可破。于是郭威将后汉大军兵分二路,从陕州(今河南陕县)、同州(今陕西大荔)、潼关分道进攻河中。到河中后,挖长壕筑连城,将河中紧紧包围,自己则以逸待劳,只沿河设哨卡,李守贞虽几次想突围,都未成功,其援兵亦被后汉军击退。经过一年之久的鏖战,终于使李守贞无法支持。乾祐二年(949年)七月城内粮尽后,李守贞与妻子、儿女一起自焚而死。在此之前,赵思绾被杀,王景崇也早已投降后蜀,并在同年底当后汉军急攻凤翔时自焚而死。至此,后汉三镇叛乱全部平定。

◎郭威像

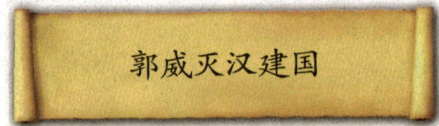

郭威灭汉建国

乾祐三年(950年)十一月,郭威叛变,后汉政权垮台。

郭威(904~954年),字文仲,邢州尧山(今河北隆尧)人,十八岁从军。后晋末,曾帮助后汉高祖刘知远建国,任枢密副使。汉隐帝时任枢密使,负责征伐之事,并平定河中、永兴、凤翔三镇叛乱。郭威于显德元年(954年)正月病世,庙号高祖。

后汉建国后,文臣武将们相互蔑视对方,经常借故闹出争端,将相们日益水火不能相容。隐帝年纪渐大,不愿再受制于大臣。于是950年十一月,隐帝乘上朝之际以谋反罪诛杀了平日飞扬跋扈的大臣杨邠、史弘肇、王章,然后又派人秘密赶往邺都(今河北大名东北),诛杀郭威等人。郭威闻讯后,立刻举兵南下澶州(今河南濮阳)、滑州(今河南滑县东)。隐帝亦派军赶往澶州。二十日,南北两军在开封北郊刘子坡相遇,后汉将领轻敌,被郭威军大败。之后,汉隐帝与宰相苏逢吉等亲临阵前督战,大军依然被郭威击溃。逃散途中,苏逢吉自杀,而隐帝则为乱军所杀。郭威攻入汴州,假借后汉太后的名义,立后汉高祖之侄、河东太守刘崇(后改为旻)之子武宁节度使刘赟为帝,并请太后临朝听政。

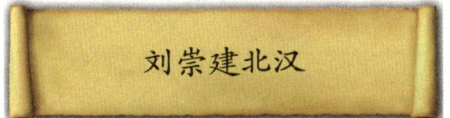

刘崇建北汉

951年,后周太祖郭威在开封即皇帝位的同时,后汉高祖刘知远的弟弟刘崇也在晋阳(今太原)称帝,继承汉统,史称北汉。

刘崇是河东节度使,手握兵权。当他的侄子汉隐帝刘承祐被弑后,他一度拟发兵南向,声讨郭威。但继而听闻郭威立他的亲子刘赟为帝,便又按兵不动了。

现在听闻郭威篡汉自立,刘崇决计抗周,就在晋阳宫殿中,南面称帝,沿袭了汉的国号和乾祐年号,即位当年为乾祐四年(951年)。刘崇的北汉据有并、汾、忻、代、岚、宪、隆、蔚、沁、辽、鳞、石十二州,相当于今山西中部与北部。他任用河东节镇属官为文武百官。为了与周对

◎北汉天会七年(963年)始建镇国寺大殿

抗,同年四月,刘崇遣使奉契丹皇帝为"叔父",自称"侄皇帝",每年进贡10万缗钱,以换取军事援助。从此后周与北汉边衅不断。

北汉原本贫瘠,岁入无多,宰相俸钱也不过每月百缗,刘崇又不断发起战争,外奉契丹,内供军费,百姓家无宁日,人民大量外逃,自建国起,国家一直处于动荡中。

南唐设科举

南唐历代君主喜好文学。在五代诸国中,是文化最为发达的一个,但自立国后一直未设科举,凡选拔人才,只凭上书献策,言事遇合者,随才进用。

保大十年(952年)二月,在文学出身的韩熙载、冯延巳、冯延鲁等人影响下,南唐始开进士科。唐主李璟诏令翰林学士江文蔚主持其事,本年便有卢陵王克贞等三人及第。

但因南唐执政者均不为科第出身,他们中的多数人不约而同对科举制大力毁谤,使得唐主无奈宣布从此罢废科举。

保大十一年(953年),南唐祠部郎中、知制诰徐弦上书奏称初设贡举,不宜遽罢,于是南唐主顺水推舟,宣布恢复科举制。

周汉战于高平

后周显德元年(954年)正月,后周世宗柴荣即位不久,就闻奏北汉主刘崇乘后周太祖新丧,联合辽将杨衮,率兵数万入寇潞州。柴荣不顾群臣固谏,奋然决定亲征。

柴荣招募禁卫军逐日操练,准备扈驾,又调集各道兵马会集潞州,然

◎五代南唐人首鱼身像

后柴荣车驾于三月上旬启行,不久便抵达泽州。

刘崇也放弃进攻潞州,奔赴泽州。三月十九日,两军在泽州以北的高平之南(今山西晋城北)对阵。汉辽军队阵容齐整,人数占优,刘崇因而轻敌;后周方面,则因河阳节度使刘词尚未赶到,军心不稳。甫一交战,汉将张元徽击周右军,周将樊爱能、何徽不战而逃,周军形势峻急。

柴荣亲冒矢石,向前督战,宿卫将赵匡胤身先士卒,驰犯敌锋,周军士气大增,奋勇死战,杀汉将张元徽,后汉军溃退。此时刘词恰好赶到,立即领军投入战阵,汉军大败;本已在涧南休息的周军,见状也奋起追敌。辽军早已明哲保身地退却,北汉军则被追击至高平,辎重尽弃,死伤无数,刘崇狼狈逃回晋阳。柴荣在高平整顿军队,斩逃将樊爱能、何徽等以整肃军纪,自是骄将惰卒,始知所惧,不敢如前疲玩。

周蜀刻《九经》

战乱年代,文化事业并未完全停顿,后蜀广政十六年、后周广顺三年(953年),周蜀两国均刻印《九经》。

后蜀广政十六年(953年)五月,宰相毋昭裔出私财百万,继其主持刻石经之后,又请镂版印《九经》以颁郡县,后蜀后主从之。蜀中旧时文人辈出,中途一路断绝,自此,蜀中文学复盛。

后周刻九经渊源当直溯后唐明宗时,长兴三年(932年)起,诏令国子监校定《九经》,当时的屯田员外郎田敏等充详勘官。雕版历时二十多年,虽然朝代更迭,工程未止,至后周广顺三年(953年)六月完成。此时已任周尚书左丞兼判国子监事的田敏献书周太祖,计有《五经文学》、《九经字样》各二部,共一百三十册。此次刻印之本,世称"五代监本"。虽值乱世,但《九经》赖此而传布甚广。官府大规模刻书的历史,也由此开始。

◎沧州铁狮。铸于后周(953年),重十万斤。

◎五代青釉夹耳罐

柴荣即位后周

显德元年（954年）正月，后周太祖郭威病逝，养子柴荣继位。柴荣即是后周世宗。

柴荣深知"兵务精不务多"，因而大简诸军，操练精兵，于是士卒精强，征伐四方，所向皆捷。汉、辽趁柴荣亲征南唐，两度袭侵后周，皆为周军所败。后周显德二年（955年）、显德三年（956年）、显德四年（957年）三度征伐南唐，柴荣每次皆胜。

显德六年（959年），柴荣以契丹未逐，决意北伐。后周屡败辽师，兵不血刃而取燕南之地，柴荣于此役染病班师，旋即病逝，未能完成一统大业。

柴荣实施与民休养生息，发展农业的政策。显德五年（958年），均定田租，使贫困农户田租得以减少。这次均田赋税成绩显著，全国垦田数增加很快，后周国力财力因而增加。

柴荣还命令王朴主持扩建大梁城，使城内道路最宽者达三十步，大梁成为当时最繁华兴盛的首都，为宋代开封的进一步发展奠定了基础。柴荣在位六年，多有仁政惠民，不仅减免苛政，而且在大战过后、淮南大饥时，还令贷米与淮南饥民。而他最大的功劳还在于谋策统一大业，其未完之志，在他死后，由赵匡胤继续完成。

◎柴荣像

逸闻趣事：周世宗选兵与毁佛铸钱

高平一役后，后周世宗柴荣深感骄兵惰将之弊。因为自五代以来，禁军皆务求姑息，不加简选，不仅羸弱居多，而且骄横不听号令，一有大敌，非逃即降。柴荣决心汰选士卒，振作军心，免蹈覆辙。

显德元年（954年）十月，柴荣命殿前都虞侯赵匡胤主持大阅军士，精锐者升为上军，羸弱者淘汰。又招募天下壮士，不论出身，都赴京师，柴荣亲临阅试，遇有才艺出众又仪表出众者，即补入殿前诸班。此外骑步诸军，各命统将选择。

经过这次阅军，凡从前骄兵惰卒，一概淘汰，宫廷内外，尽列熊罴，军务大有起色。后周由是士卒精强，征伐四方，几乎无往而不利。

后周世宗柴荣以寺院泛滥，不仅大量劳动力出家，减少了国家劳役和兵役的人力资源，而且逃兵和不法分子也往往剃度出家，逃避刑罚，遂于显德二年（955年）五月下诏毁佛："天下寺院，非敕赐寺额者，皆属私建，一律停废；又禁止私度尼僧，私自剃度者勒令还俗并治罪；又禁僧众自残肢体、幻惑流俗。"

九月，柴荣以县官久不铸钱，而民间又多销钱为器皿和佛像，钱币日少，敕立监采铜铸钱。民间铜器、佛像限五十日内上缴官府，按斤两给还价钱；逾期不交，五斤以上者死。禁止民间私用铜铸佛像、器物。

有人以为佛像不可毁，柴荣回答说："佛以善道教化天下，只要立志是善的，就是奉佛了。佛像哪里算是佛呢？再说，我听说佛为救济人，连头眼都舍得布施给人，如果朕的身体能济民，我也不惜牺牲自己啊。"

五代滥施刑罚

五代时期，连年混战，军阀当政。他们为了维护自己的统治，往往实施严酷刑罚。具体表现在如下几方面：

在立法方面，刑罚普遍加重。如处理盗窃罪，唐后期用重刑，盗窃

◎五代《观世音菩萨毗沙门天王像》

◎五代南唐武士立像

赃物满三匹以上者,才处以死刑。后唐重申此制。后汉天福十二年(947年),后汉高祖刘暠(知远)下令,所有抓获贼盗,只要按验真实,不管赃物多少,都应处以死刑。后周对盗窃罪处以死刑的最低限度也是"赃绢满三匹"。又如处理"和奸"罪,依唐律仅处一年中徒刑,后晋法律则规定处以死刑。

在死刑的执行与刑罚的运用方面,由于军阀成为执法者,往往随意喜怒,视人命如草芥,动辄族诛。如后唐庄宗灭梁,将梁臣赵岩、朱友谦族诛,部将张谏谋叛,又将其党羽三千人一并诛杀,祸至军士数百人亦遭族诛。而且法外施刑的现象相当普遍。

在司法审判方面,轻罪重判,禁锢超过刑期,动辄处死狱囚的现象更是不胜列举。据《旧五代史·苏逢吉传》载,后汉高祖曾命令苏逢吉"静狱"以祈福佑,苏逢吉却将全部狱囚处死。由于五代统治者对监狱实行军事管制,设立了马步司左右军巡院监狱,任用嗜杀成性的牙校掌管司法审判和监狱管理,导致各地监狱更加暗无天日。

汴梁城形成

汴梁又称汴京、东京,在今河南省开封市。五代时后梁、后晋、后汉、后周四代均在此建都,称汴梁。北宋建国后,亦因交通便利,在此建都,称为东京。

汴梁最早为战国时魏都大梁,后世相沿称,简称梁。因汴河从中间穿过,唐时在此设汴州,简称汴,后合称汴梁。原汴州旧城规模较小,后周显德三年(956年),在旧城周边筑了一层廓城。北宋定都后又经几次扩建,最后形成规模。汴梁城结构布局

◎宋《清明上河图》。都城汴梁的社会生活情景。

为外城、里城。宫城三重城墙和护城河。外城又称新城，全长四十余里，南面有三门，东、北各有四门，西南五门，各城门都有连通附近的州县市镇的水、陆通道，呈放射状展开。城内横穿四条河均通过护城河相连通，汴河横穿城东北，通南北大运河，是汴梁漕运的主要渠道。里城相当唐时的州城，周长二十里。宫城，又称大内，在里城中心偏北位置，由唐时州衙改建而成。四面开门，城四角建有角楼。在宫城南北轴线南部的丹凤门内，是外朝的主要宫殿，东西并列，一改唐洛阳城建筑布局。宫内主要殿堂首先采用工字形布局。这对以后历代各朝宫殿建筑产生了重大影响。

◎栖霞寺舍利塔

栖霞寺舍利塔建成

五代时，南北方对待佛教的政策是两个极端，北方五代统治者对佛教执行严格的限制政策，于是南方成为佛教禅宗的根据地，这里的佛教艺术也获得较大发展。

栖霞寺是南朝以来佛教中心之一，至唐代被推为国内四大寺塔之一，可惜今大半佛龛古迹毁损。舍利塔在寺左侧，始建于隋文帝仁寿元年（60年），后来被毁，现存遗迹是南唐高樾及林仁肇重建。

舍利塔高18.4米，是通体用石灰岩砌成的仿木结构建筑形式。塔身造型秀丽、小巧、玲珑，为八角五层塔，每层的高度与广度都随层次逐渐减缩，现出十分稳固的姿态。精美的造像和装饰性雕刻施满塔身，集民族传统雕刻诸技法成于一塔，表现形式极为多样，显示出当时石雕艺术的高度成就。最有代表性的是雕在基坛束腰部的"释迦八相"和刻在塔身上的二菩萨、二天王、二仁王。

环绕基坛周围的八幅横披式"释迦八相"，是五代遗迹中仅见的浅浮雕珍品，处处显示出传统绘画的功力；应用了前代壁画中把不同时、地的情节，表现于同一画面的处理方法，如"山游"图既描写了悉达太子的出城，刻画了人广游四门时前后所见的生老病死等世苦的全部情节、也运用了"压地隐

起"这种从汉代书画基础上发展而来的新方法,在浮雕中突出主要人物,使之具立体感。

栖霞寺舍利塔,整体形象富丽精巧,气派工整典雅,在雕刻史上足以代表南唐艺术的高度成熟。

李璟、李煜父子

五代后期的南唐,由于宫廷的提倡,盛行写词,代表作家是李璟、李煜和冯延巳。

李璟(916~961年),字伯玉,南唐中主,南唐开国主李昇之子。二十八岁继位,在位十九年。他的词作仅存四首,艺术成就较高,其中《应天长》、《望远行》二首,境界与花间词相近。《浣溪沙》二首,则运用伤春伤别的比兴手法,寄寓对自己身世遭遇和南唐国运衰微的悲慨,深沉动人。

李煜(937~978年)为李璟第六子,建隆二年(961年)继位,史称后主。三十八岁时,宋军长驱直入,围攻金陵,次年城陷降宋,被封为右千牛卫上将军、违命侯,后被宋太宗赵光义毒死。李煜在政治上是庸弩无能的皇帝,却具有多方面的艺术才能,如书法、绘画、诗文等,词的成就尤高。

李煜词以宋太祖开宝八年(975年)他降宋时为界,可分为前后两期。前期词虽也显示出非凡的才华和出色的技巧,但题材狭窄,主要反映宫廷生活与男女情爱,基本没有脱离花间词的窠臼。到了后期,李煜由皇帝变为囚徒。屈辱的生活,亡国的惨痛,往事的追忆,每天只能以泪洗面,这种经历使他的词的成就大大超过前期。

李煜的词,往往通过具体可感的个性形象来反映现实生活中具有一般意义的某种境界。"小楼昨夜又东风,故国不堪回首月明中"(《虞美人》)、"落花流水春去也,天上人间"(《浪淘沙》)等句子深刻而生动地写出了人生的离合不定的情状,感情真切,又明白如话,很容易引起读者类似的感情联想和共鸣。

◎五代周矩《重屏会棋图》。图中为李璟。

《花间集》

后蜀广政三年（940年），赵崇祚正是顺应这种时代的需要，收集了当时的词作，编成了中国文学史上最早的词作选集——《花间集》，成为供歌伎伶人演唱的曲子词选本。

赵崇祚，字弘基，生平事迹不详，曾任卫尉少卿。《花间集》共选当时十八位词作家的作品五百首，大致以作家生活年代为序，将温庭筠、皇甫松等晚唐词作家列于卷首，表明了西蜀词派的创作源流。和凝是北汉宰相，以写曲著名，张泌为南唐词人，其余十四人均为蜀中文人，多为朝廷的侍从之臣。其词作的内容不外歌咏旅愁闺怨，合欢离恨，多局限于男女燕婉的私情，也有一些作品略微显露出"亡国"哀怨，如鹿虔扆的《临江仙》。而欧阳炯的《南乡子》歌咏了南方的风土人情，有一定的社会意义。总之，在思想内容上，《花间集》中的词作长期以来几乎不被称赏，而文字的富艳精工，却得到比较一致的肯定。代表《花间集》词作风格的词作家是温庭筠和韦庄，温词浓艳华美，韦词疏淡明秀，其余的词多沿袭这两种词风。

辽行新历

大同元年（947年），辽太宗北归辽土，带回了新历法，并开始流行。

后晋天福年间，掌管天象和历法制订事务的官员司天监马重绩进呈《乙未元历》，号《调元历》。后来辽太宗耶律德光灭晋，进入汴京。向以游牧为生的契丹人遂由此学到了许多精耕细作的农业生产技术和历象，上述《调元历》亦在其中。因中原各地反抗不断，契丹人无法立足，辽太宗决定北归辽土。于是，中原先进的科学知识、历法天象等也被带到了辽中京（辽宁宁城西）一带，并逐渐在全国传播。这时，辽国开始有了历法。该法即《调元历》，由司天王白等所进。

◎五代海水龙纹莲瓣碗

◎五代周文矩《琉璃堂人物图》（部分）。此卷应是原作割裂之前所摹，时当在宋代。

五代史学著作《旧唐书》和《唐会要》编成

五代末年撰成的《唐会要》与《唐书》可称为这一时期史学成就的"双璧"。

《旧唐书》始称《唐书》,共二百卷,始撰于天福六年(941年),成书于开运二年(945年)。它集中了丰富而有价值的历史资料,具有很高的文献价值。如《五行志》列举各地不同的自然灾害,有不少反映民生困苦、工商业状况和国内外交通方面的资料;《地理志》记载了全国边防镇戍的分布和兵马人数,各地州县设置和户口等情况;《舆服志》记载了唐代帝、后、王、妃及百官按品级规定车舆、衣冠、服饰制度,用以区别贵

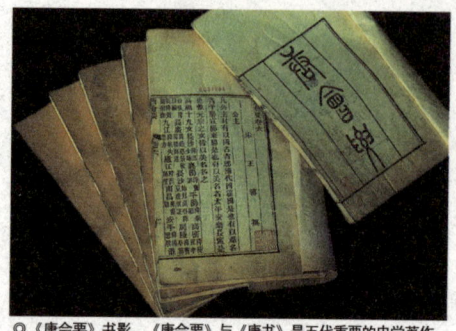

◎《唐会要》书影。《唐会要》与《唐书》是五代重要的史学著作。

贱,反映了封建等级制度。

《唐会要》共一百卷,是王溥在唐人两次编撰《会要》的基础上增补、编订,编成于北宋代周的当年。它言词简约,内容丰瞻详实,有关细事,以"杂录"为名附于各条之后。详细地记录了唐代政治体制的沿革和损益。它对于研究唐代史事、人物、典制及政治兴亡,文明盛衰演进,有特别重要的价值和意义,深受重视。

顾闳中作《韩熙载夜宴图》

顾闳中，江南人，五代南唐画家，南唐后主时期（943～975年）在南唐画院任侍诏，擅长人物画。《韩熙载夜宴图》是他受南唐后主李煜之命创作的。相传李后主想了解大臣韩熙载家宴的情形，命顾闳中夜至其私宅，暗中观察。顾闳中口识心记，以默画为基础创作了这幅纪实的人物画作品。这幅画以连环画形式表现了五个互相联系又相对独立的情节，展示了夜宴活动的内容。

画中有十余个主要人物，在五个情景中又反复出现，多为见于记载的真实历史人物。整幅画虽然大多描绘歌舞场面，但却笼罩着沉郁的气氛。全卷五情节中，韩熙载均出现。画家从不同角度，从外貌到性格，深刻刻画出韩熙载内心深处的隐衷。其余人物在五个情节中互相呼应、联系，动作表情均表达了其精神状态，与环境气氛相统一。画家以劲健优美、柔中有刚的线条勾勒人物，服饰细入毫发，衣纹简练洒脱。色与线有机结合，使画面显出明暗变化。画家凭着杰出的智慧，深入人物内心，将那种含而不露的感情独白，融化于优雅的夜宴气氛中。

◎顾闳中《韩熙载夜宴图》（部分）

宋辽金夏

大事纪 ● 公元960~986年　● 公元993~1048年

- **公元960年**
  陈桥兵变，赵匡胤称帝建立宋。

- **公元965年~979年**
  宋灭诸国，结束五代十国的分裂割据局面。

- **公元982年**
  辽景宗去世，辽太后摄政。

- **公元986年**
  宋北伐契丹，大败于岐沟关（今河北涿州西南）。

- **公元993年**
  王小波、李顺聚众起义，是中国历史上第一次提出"均贫富"的农民起义。

- **公元1004年**
  契丹大举南下攻宋；宋辽两军议和，订立澶渊之盟。

- **公元1038年**
  李元昊称皇帝，建立西夏。

- **公元1041~1048年**
  毕升发明活字印刷术。

- 公元1069年
  王安石开始变法。

- 公元1084年
  司马光编纂完成编年体通史《资治通鉴》。

- 公元1113年
  完颜阿骨打发动反辽战争,建立金国。

- 公元1121年
  宋江、方腊起义失败。

- 公元1127年
  宋高宗即位改元建炎,南宋开始。

● 公元1069~1127年   ● 公元1206~1260年

- 公元1206年
  蒙古大汗铁木真建立蒙古汗国。

- 公元1205~1225年
  蒙古军六征西夏,西夏灭亡。

- 公元1234年
  宋与蒙古军联合攻克蔡州,金国灭亡。

- 公元1260年
  忽必烈称大汗,建元"中统",创蒙古政权建元纪岁之始。

陈桥兵变·赵宋代周

建隆元年（960年）正月，赵匡胤在陈桥驿发动兵变，夺取后周政权，建立了宋朝。

后周世宗病逝后，他年仅七岁的幼子宗训（即周恭帝）继位。由于皇帝年幼，无法管理政事，国家政局动荡不稳。

涿州（今河北涿县）人赵匡胤，从前多次跟从周世宗征伐，掌握了禁军统帅大权，怀有废帝自立的野心。

后周显德七年、建隆元年（960年）正月初一，镇（今河北正定）、定（今河北定县）两州快马奏报北汉与契丹合兵来攻，宰相范质匆忙派赵匡胤率兵北上抵御。

正月初三，赵匡胤率大军出发。军校苗训制造舆论，说他看见太阳下面还有一个太阳。当天夜里，大军驻扎在陈桥驿（今河南开封市东北），将士们已有"不如先立点检为天子，然后再向北进军"的议论。

次日黎明，赵匡义和赵普带着各位将领去见赵匡胤，要拥戴他为天子，并把黄袍披到他的身上，扶赵匡胤上马，回师京城。

正月初五，大军进入开封。太平军节度使、同平章事、侍卫马步军副都指挥使韩通从宫中逃出，准备抵抗而被杀。宰相范质、王溥迫于威势，以臣礼拜见赵匡胤。恭帝被迫禅位。

赵匡胤轻易夺取了后周政权，登上了帝位，史称宋太祖。他改国号为"宋"，改年号为"建隆"，仍建都于开封。

◎北宋文臣之像

赵匡胤加强中央集权

赵匡胤夺取后周政权后，为了防止五代十国割据混乱局面的重演，采取了一系列措施，加强封建专制主义中央集权。

宋太祖即位不久，解除了曾帮助他夺取政权的禁军高级将领石守信、王审琦、高怀德等人的兵权，提拔一

宋辽金夏

◎宋太祖赵匡胤像

结束藩镇割据，他采纳赵普"稍夺其权，制其钱谷，收其精兵"的建议，取消节度使兼领数州的制度，从平定叛乱开始，每消灭一割据政权，规定所属各州都归中央直辖，然后逐步将节度使从地方调至开封担任无实权的闲官，由中央派文官任知州、知府，一般是三年一任。

宋太祖加强中央集权的措施，基本结束安史之乱以来两百多年的藩镇割据局面，巩固了赵宋王朝统一的局面，为经济文化的高度发展创造了良好的政治环境。

些资历浅、易驾驭的年轻人充任禁军将领。接着取消禁军最高统帅殿前都点检、副都点检的职务，由殿前都指挥使司、侍卫马军都指挥使司、侍卫步军都指挥使司分别统领禁军，各不相属，总称三衙，各设都指挥使、副都指挥使和都虞侯，共计九员，作为三衙统兵官，并由文官主持的枢密院掌管军队的调动、招募、供给、训练、屯戍、拣选、迁补等军政，实行以文制武，目的是为了巩固和提高皇权。

为了避免出现"君弱臣强"的尴尬局面，宋太祖着手削弱宰相的职权，在宰相之下设参知政事若干人，又置枢密使，分割宰相的军政大权，设三司使分取宰相的财权。为了彻底

宋废除宰相坐议礼

建隆元年（960年）二月，宋废除了宰相坐议之礼。

以往各朝，每逢国家大事，皇帝必召宰相等重臣坐在一起，共同商议。议毕，皇帝赐茶，臣子方可退

◎宋代货郎图

下。唐及五代时期，仍沿此制。

宋太祖赵匡胤建立宋朝后，仍留用范质、王溥、魏仁浦等后周重臣，范质还当宰相。他们曾受周皇重用，这就容易受到猜忌；加之宋太祖明察秋毫，自己的一举一动都逃不过他的眼睛，稍有不慎，便会祸从天降。他们想尽量减少与太祖见面的机会，故联名上疏，奏请改变旧制，遇到有重要国事，不再由君臣坐在一起共同商讨，代之以奏札。宰相有事，可奏呈皇帝，皇帝批阅后，再给宰相下旨。

赵匡胤对此表示同意。于是，赐茶之礼被废，宰相不再坐议政事。

逸闻趣事 杯酒释兵权

建隆二年（961年）七月，宋太祖赵匡胤宴请禁军宿将，以温和的方式解除了他们的兵权。

应邀参加这次宴会的有高级将领石守信、高怀德、王审琦、张令铎、赵彦徽等。酒过三巡，太祖摒退左右，对他们说："我能有今天，多亏了诸位。但是做皇帝也不容易，还不如当个节度使自在逍遥。多少天来，我一直未敢高枕。"守信等人忙问其故，太祖说："这不难理解。谁不想高居皇位呢？"守信等人仍不明白，认为国家早已安定，不会有谁敢生异心。太祖道："列位固无异志，但若部下有贪图富贵之人，有朝一日也强将黄袍加身，你们不想当皇帝也不行了。"

◎赵匡胤像。赵匡胤杯酒释兵权是历史上著名的典故。

石守信等人才如梦方醒，哭着请太祖指一条生路。太祖便委婉诱导他们交出兵权，出守藩镇，多买良田美宅，为子孙创下永久的家业。还可多养些歌儿舞女，每日饮酒取乐，颐养天年。这样，君臣之间互不猜疑，上下相安。

石守信等人大悟，第二天便上表假称有病，要求解除兵权。太祖欣然同意，罢免了他们的军职，任命石守信为天平节度使，高怀德为怀德节度使，王审琦为忠正节度使，张令铎为镇宁节度使。殿前都点检、副都点检一职此后也不再设。

这就是有名的"杯酒释兵权"。不久以后，太祖用同样的方法罢免了各藩镇的节度使。至此，禁军与藩镇的兵权都集中到了赵匡胤手里。

宋国子监开学

建隆三年（962年）六月，宋太祖命崔颂任国子监事，开始聚生徒讲学。

国子监是后周世宗柴荣即位的第二年（956年）开始营建的。宋太祖赵匡胤即位后，也下诏命有司增葺祠宇，塑绘先圣、先贤、先儒之像，他还亲自撰写关于孔子、颜回两人的赞语，命令宰相、两制以下的官员分写其余人的赞语。太祖还两次临幸国子监。

宋代前期，国子监招收七品以上官员的子弟为学生，是全国的最高学府。但是，高级、中级官员的子弟在国子监里读书，往往只挂个名，而且也不经常去听讲。

到了庆历四年（1044年），宋设太学以及州县学等，国子监成为管理全国学校的最高机构。凡太学、国子学、武学、律学、小学、州县学的有关事宜，都由国子监掌管。

宋辽金夏

◎国子监外辟雍外景

《宋刑统》颁布

建隆四年（963年）二月，宋太祖命窦仪主持，苏晓、奚屿、张希让等参与重新详定《刑统》。同年七月完成奏上，太祖诏令刊刻颁行全国。这是宋代开国以来的第一部法典，也是中国历史上第一部朝廷镂版印制、发行全国的封建法典。

《宋刑统》全称为《重详定刑统》，共502条。律文十二篇，分为213门，以门统律。律条的正文之间，附有注文和问答。律文之后，附有敕、令、格、式、赦文等，上迄唐开元二年（714年），下至宋建隆三年（962年）近250年间的敕、令、格、式，经过筛选、分类，附于相关律后，文首都加一"准"字，以示已奏经皇帝批准。参与立法的大臣们对一些具体的法律问题提出自己的处理意见，撰"起请"32条，列入相关令敕之后，用"臣等参详"冠于文首，以示区别，这里报请皇帝批准的"请示"，对于敕、令、格、式的"又似难晓者"，都加以注释，开头标以"释曰"二字，以示与律文注释的区别。

《宋刑统》的颁布，促进了国家的司法统一，改变了五代法制紊乱的局面。

宋设置茶叶专卖市

宋初，为了加强税赋管理，在淮南、东南、四川等地设立了管理茶场的机构，官府负责茶叶的产销专卖与课税。

乾德二年（964年），开始专卖东南茶，次年又专卖河南茶，在蕲（今湖北蕲春南）、黄（今湖北黄冈）、舒（今安徽安庆）、庐（今安徽合肥）、寿（今安徽寿县）、光（今河南潢川）六州相继设立十三处买卖茶场，称十三场。茶场中设置官吏，全国茶叶专卖和茶利收入由榷货务主掌。茶农专置户籍，称为园户，输茶折租；由官府规定园户岁额，岁额以外的余茶，必须全部按官价卖给官府，或与官府特许专卖的茶商交易，不得私卖。

专卖茶叶的办法，一是交引法，允许商人在京师纳钱或从西北沿边州郡入纳粮草，从优折价，发给文券，

○《茂林远岫图》，李成画。画法苍劲，笔墨厚重，属北宋力作。

称作交引,凭引到淮南十三场和沿江榷货务那里领茶;二是贴射法,商人贴纳官买官卖每斤茶叶应得净利,给券为据,直接向园户买茶出售;三是茶引法,征收商人专卖税,发给茶引,凭引向园户买茶出售;四是茶马法,储备蜀茶,专用来给少数民族换取马匹。

北宋初期设立榷茶场,茶利收入对保证财政开支、军需和军马供应,起了重要作用。

◎宋煮茶画像砖

文化小辞典

秧歌

秧歌是一种综合性很强的艺术,由诗歌、音乐、舞蹈和戏剧表演综合而成,早在一千余年以前,它只是劳动时唱的小曲,到后来形成独立的民间歌舞演唱,最终才发展成小型戏曲,即宋代的秧歌。

秧歌根据表演形式的不同可分为两种类型:一类是在地面上徒步行走歌舞,称为地秧歌;另一类则是双脚踩在木跷上歌舞,称为踩高跷。表演人数从几人到数十人不等,均扮成各种神话传说中的人物形象,手执扇子、手帕等道具。基本节拍是一步一拍,以四拍为一组,前三拍向前,后一拍退后,基本动作是挥臂跳跃,扭腰甩肩。整个秧歌舞蹈过程分开头、中间和结尾,其中开头和结尾是大场,由一至二名领舞率领众人跳集体舞,边舞边走出各种图案,如"门转子"、"二龙吐须"。中间则为小场,是两三个人的跳舞或是小型戏曲的表演。整个舞蹈进程一直都有音乐作背景。节拍以2/4拍为主,为的是配合秧歌的舞步,曲目有《满堂红》、《三点水》等。

秧歌在宋代的保存和曲折发展,为以后秧歌的发展和繁荣奠定了基础。

◎宋代版画《御制秘藏诠山水图》(部分)

宋辽金夏

宋行募兵制

宋代承袭唐代兵役制度，不论是北宋的禁兵、厢兵，还是南宋的屯驻大军，大都采用招募的办法，实行以募兵为主，募兵与征兵相结合的兵役制度。募兵的对象是流民和饥民，逢灾荒之年招募流民、饥民为兵。

募兵制的实行，一方面使军队更加专门化和职业化，有利于军队的训练、调遣和军队素质战斗力的提高；另一方面，使军事劳役赋税化，在相当大的程度上免除了农民的兵役负担，也部分地分担了农民的劳役负担，有利于农民维持正常的生活生产秩序。应该说，这是一种历史的进步。募兵制在宋代实行之初，也确实收到了良好的效果，但是随着历史的发展，这种制度的弊端也逐渐显露出来，主要有以下几个方面：一是战斗力不强。宋代在饥年所募士兵中，一些人素质低下，并且一旦应募为职业兵，便终身仰食官府，致使军中老弱士卒大量存在。另外，由于宋朝军政腐败，军队缺员情况十分严重。二是造成宋朝的财政危机。在募兵制下，一人当兵，就意味着全家享受朝廷军俸赡养。朝廷为了供养数目庞大而冗滥的常备军，每年财政收入的十之八九用来养兵，造成了旷日持久的财政危机，也加深了社会矛盾的激化。三是破坏了农业生产。宋代荒年招募饥民为兵，虽然稳定了社会秩序，但又使大批强壮劳动力脱离了生产第一线，影响了生产。

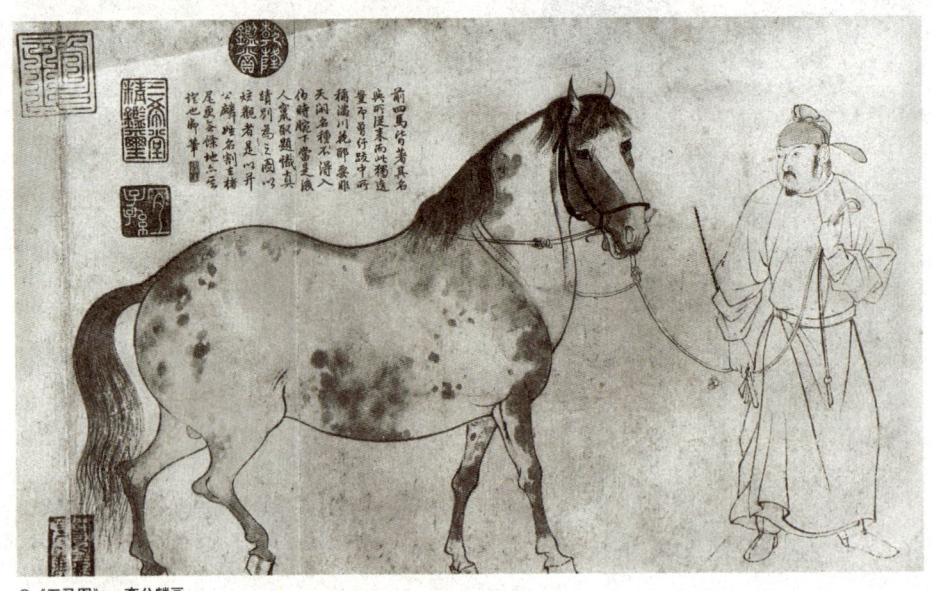

◎《五马图》。李公麟画。

铜版印刷出现

我国四大发明之一的印刷术就出现于宋代。在宋代,古代印刷技术达到很高程度,成为印刷技术发展的一个重要阶段,不但雕版印刷达到鼎盛时期,而且也发明了铜版印刷。

宋代铜版印刷主要用以铜铸成的铜活字进行排版印刷,其工序同泥活字印刷基本相同,只是铜活字比泥活字造价高,未能如泥活字那样广为流传。铜版印刷在宋代主要印刷一些商品广告、纸币等。用铜版印刷的商品广告,如北宋时期所印的、留传下来的有中国历史博物馆所藏的"济南刘家功夫针铺"铜版。其最上部刻"济南刘家功夫针铺"八字,上半部正中刻玉兔捣药图像,左右两边分刻"认门前白,兔儿为记"八字,下半部刻有"收买上等铜条"等二十八字。另有南宋用铜版印制纸币"会子",上海市博物馆今收藏有会子铜版,版式长方形,上部右边为金额,左边为料号,当中为赏格文"敕伪造会子犯人处斩。当钱壹仟贯"等字,赏格下文是"行在会子库"五字,再下为花纹图案。

铜版印刷的发明,从一个侧面反映了宋代印刷技术的发展,也是我国印刷术走在世界前列的一个实证之一。

西藏喇嘛教形成

975年前后,西藏佛教全面复兴,喇嘛教开始形成。喇嘛教即是藏传佛教。自7世纪中叶开始,佛教逐渐传播到西藏高原,并在社会上广泛流传和发展起来。

为了维护封建领主的统治地位,喇嘛教在发展中带有浓厚的政治色彩。永丹六世孙耶歇坚赞(又译意希坚赞),以桑耶寺为中心在山南地区建立了割据政权。他既自封"阿达"(领主),又是寺主,把持桑耶寺,形成一个政教合一的统治实体。耶歇坚赞听说丹底地方有佛教流传,便与后藏的一个小王,先后资助并派出以前藏鲁梅·粗墀喜饶(又译楚城喜饶)等十人和阿里地区的两个人,从

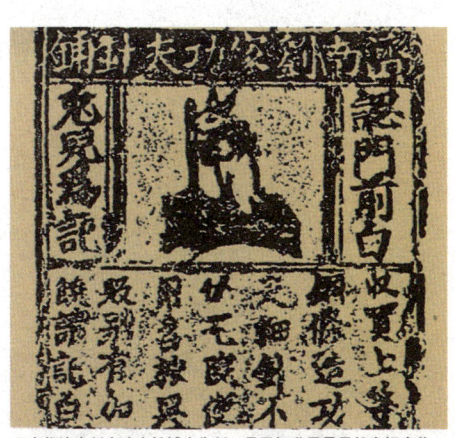
◎宋代济南刘家功夫针铺广告版,是已知世界最早的商标实物。

公巴饶赛出家受戒，从其弟子学习律藏和经论。这些人约在975年前后，陆续回到后藏，在各地重建和新建了大批寺院和小庙，势力和影响越来越大。这是西藏佛教全面复兴的开始，佛教史所称的"后弘期"即指此。当时，另一个大力发展佛教的人是吐蕃王室的后裔耶歇沃（也译意希沃）。耶歇沃在后藏阿里地区的古路建立地方政权，他既是掌教的封建头人，又是虔诚的佛教僧人。他出家后，先派仁钦桑波（布）等人到克什米尔留学，研习佛教经典，并积极设法延请印度著名僧人来藏建立戒律传承，同时还仿照桑耶寺修建了托林寺。

通过耶歇坚赞和耶歇沃的大力弘扬，喇嘛教在西藏得到空前的发展，击败了其他各种教派，居于统治地位。

小辞典 人物 文字学家、画家郭忠恕

郭忠恕，字恕先，河南洛阳人。小时候聪明伶俐，七岁童子科及第。后周时他被召为宗正丞兼国子书学博士，但是其性格暴躁，行事鲁莽，于是被贬。宋太宗即位后，也召他去做官，后终因贪杯自误而丧命。

郭忠恕对中国文字学的最大贡献，就是编成其专著《汗简》。北宋初年，郭忠恕注重于"六国文字"的搜集和整理，著成了第一部整理"六国文字"的专著《汗简》。"六国文字"实际是战国时代秦以外东方各国使用的书写文字，这种文字主要书写于经传古籍的抄本。

《汗简》所搜集的古文来源于《古文尚书》、《古周易》等七十一种古籍和石刻材料，所取字数不等。该书体例完全遵照《说文》，按五百四十部排列文字，正文为摹写的古文形体，各种异体尽量列出，释文用楷写今体，不作隶古定，每个字都注明出处，详尽有致，便于查寻。

随着大量战国文字材料的出土面世，该书的价值日渐揭晓，现已成为识读战国文字的重要参考材料。

◎西藏萨迦南寺。建于北宋，是藏传佛教寺院的常用形式。

◎《雪霁江行图》。郭忠恕画。

宋辽金夏

武将杨业 〔小人物 事典〕

杨业，原名重贵，麟州新秦（今陕西神木）人。太平兴国四年（979年），太宗平北汉，杨业降宋，被任为知代州兼三交驻泊兵马部署。第二年，在雁门关之战中大败辽军。

雍熙三年（986）年，宋军分三路北伐，潘美为云应路都部署，杨业为副将。北伐军队连克寰（今山西朔县东）、朔、应、云（今山西大同）四州。后来因为东路军在岐沟关大败，奉命撤军，并护送云、应诸州百姓内迁。此时，契丹山西兵马都统耶律斜轸正攻克寰州，兵势强盛。杨业提出率兵出大石路，令云应各州百姓入石碣谷，以避敌锋，保证百姓及军队安全的作战计划，遭到潘美的反对和诬蔑，被迫冒险从石峡路到朔州迎敌。杨业临行，哭着求潘美在陈家谷口接应。但潘美却擅离谷口，听到杨业兵败的消息，非但不前去救援，反而率兵逃跑。杨业遭契丹军队伏击，拼死血战，自日中战斗到夜晚，辗转退到陈家谷口不见援兵，再率部下力战，全军覆没，杨业受伤被俘，英勇不屈，不食三日而死。

杨业之死引起朝野震动，太宗追赠杨业为太尉、大同军节度使，潘美削三级。杨业之子杨延昭、孙杨文广等抵御辽夏军队也屡建战功，被后人称为"杨家将"。

◎北京古北口杨令公祠

宋朝科举制完善

开宝八年（975年），中国科举制度形成了解试、省试、殿试一整套程序。

科举制作为中国封建社会长期选拔官吏的一种制度，始于隋唐，到宋初基本完善。宋太祖赵匡胤始行特奏名，首创殿试制度。开宝三年（970年）三月，赵匡胤诏令礼部贡院阅进士诸科，十五举以上曾经终场的多数人，赵匡胤都知道他们的名字。于是，赵匡胤特予推恩、赐司马浦等106人本科出身。特奏名的制度从此始行。所谓特奏名，就是那些解试合格而省试或殿试落第的举人，累积到一定的举数和年龄，不经省试，由礼

◎宋人科举考试图

部特别奏名，直接参加殿试，分别等第，并赐给出身或官衔的一种科举制度。因为是皇帝特别推恩，也叫做恩科。

开宝六年（973年）三月，赵匡胤为了收揽文权，使读书人入仕感激皇恩，在讲武殿亲自复试举人，罢去一批，选出进士26人、诸科106人。从此，皇帝亲自复试的殿试制度成为一种基本制度。到了开宝八年（975年），科举考试有了省试、殿试的分工，省试的第一名为会元，而殿试第一名则为状元。于是形成了一整套在解试、省试之后，由皇帝亲自殿试复试，再决定取舍等第的殿试制度。殿试又叫廷试、御试，一般在三月间举行，考试内容通常为诗、赋、论三题。殿试完后，由皇帝主持唱名仪式，中榜者都是"天子门生"。

特奏名、殿试的实行，标志着科举制度在宋初已基本完善。

宋平北汉·五代十国结束

宋太祖赵匡胤称帝后，便计划统一中原，他采纳赵普的意见，先南后北的方针，逐一消灭各诸国。

965年，宋大将王全斌等率精兵击败王昭远，夺取剑门，杀蜀兵一万多人，不久，王昭远也被俘获。宋军攻

◎《雪夜访赵普》，明刘俊画。反映赵匡胤雪夜私访宰相赵普的故事。

入成都，蜀后主孟昶投降。宋遂得后蜀。971年，北宋潘美入据广州，南汉主奉表请降，南汉遂亡。宋平定南汉后，南唐后主李煜为维护其统治，主动改国号为"江南"，减损编制，对宋称臣。而暗中却招兵买马，积极备战。宋太祖有所察觉，命人招李煜入朝。李煜便称病不去。宋以李煜拒命不朝为借口，发兵进攻南唐。975年，宋军攻破金陵城，后主李煜奉表投降，宋平定南唐。

宋太祖赵匡胤花了十三年的时间消灭了南方诸国，之后三次发兵攻打北汉，但无功而返。976年，宋太祖病逝，其弟赵光义即位，是为宋太宗，继续北伐。

太平兴国四年（979年）五月，宋太宗赵光义亲临太原城下，督诸将四面攻城，北汉主刘继元在孤城无援、众叛亲离的情况下，被迫奉表出降，北汉灭亡。五代十国的长期分裂割据局面自此结束。

辽太后摄政

辽乾亨四年（982年）九月，辽景宗耶律贤在焦山去世，其长子梁王耶律隆绪即位，即圣宗，其母承天皇太后摄政。承天皇太后是辽景宗的皇后，姓萧，名绰，小字燕燕，通常称为萧绰太后，是辽国著名的有才略、有作为的政治家、军事家。辽景宗在即位后不久便册立萧绰为皇后，景宗体弱多病，常不视朝，朝中军政大事，多由萧太后决定。辽景宗死后，萧绰被尊为皇太后，即位的圣宗耶律隆绪年十二岁。萧太后面临母寡子弱、族属雄强、边防未靖的局面，她以超人的胆略摄政，直到统和二十七年（1009年）去世，共掌理朝政二十七年，使辽国步入鼎盛阶段。萧太后当政期间，一方面大力提拔有经国之才的契丹官员，一方面也重用汉族官吏，特别倚重以汉人宰相韩德让为首的汉官集团，对辽国制度进行了一系列改革，扭转了穆宗朝以来的中衰之势。萧太后善于驾驭左右大臣，群臣竭忠尽职。同时她自己也习知军事，亲自率军驰骋疆场。在澶渊之役中指挥三军，赏罚分明，为辽国的胜利立下汗马功劳。辽圣宗对母亲萧太后评价极高，认为辽军之所向披靡，是太后有教训之功。萧太后死后谥为圣神宣献皇后，辽兴宗重熙二十一年（1052年），更号为睿智皇后。

宋军北伐大败于岐沟关

雍熙三年（986年）五月，宋北伐契丹，大败于岐沟关（今河北涿州西南）。太平兴国七年（982年），辽景宗去世，十二岁的圣宗即位，太宗想乘契丹国中无人之时大举北伐夺回失地。

986年正月，太宗分三路军北伐，东路以曹彬、米信为帅，率主力军十万，中路以田重进为帅攻蔚州，西路以潘美、杨业为帅攻朔、寰、应、云诸州。准备以东路军先行，吸引契丹主力，再使中、西路军乘机而上，然后三军大举进攻幽州。契丹承天皇

◎北宋走狮石雕。写实中见夸张,稳健中显威猛。

太后萧绰得知宋朝出兵。命南京都统耶律休哥率兵固守,阻击宋军北进,并调兵增援,又命耶律斜轸为山西兵都统,阻击中、西路军。同时与圣宗亲率大军南下。

战役前期宋军进展顺利,各路大军均攻克不少城池。四月中旬,承天皇太后亲率军队夺回固安、涿州,战局开始对宋不利。五月,曹彬率军从雄州到涿州,因沿途受阻,加上天气炎热,人马困乏不堪。契丹军形成钳袭之势,曹彬冒雨南撤至岐沟关,被承天皇太后与休哥军追及,全军溃败。曹彬召集溃兵夜渡拒马河,又被休哥率骑兵追及,宋军死者数万。

由于东路军惨败,太宗下令中、西路军撤退。七月,宋名将杨业在陈家谷口兵败被俘,不食三日而死。

自此,在与契丹的军事对峙中,宋由攻势转为守势。

李继隆败契丹

端拱二年（989年）,宋威虏军军粮殆尽,辽军想趁虚而入。太宗令定州路都部署李继隆率领真、定大军护送军粮赴威虏军。辽将耶律休哥得到情报,率数万精兵途中拦截,遭遇北面都巡检使尹继伦少量军队,耶律休哥见尹继伦军队人少不堪一击,于是避开他直逼大军,尹继伦激励官兵说:"辽军欺人太甚,蔑视我军。我们不如尾随敌军,伺机出击。若能取胜则立下大功,若失利也能殉节战场,不失为忠义之师。"将士同仇敌忾,悄悄跟踪敌军数十里,来到唐州徐河。

◎《灸艾图》,李唐画。描绘一乡间医生为病人施行艾灸的情景。

辽军在离李继隆大军四五里处安营扎寨，向李继隆挑战。李继隆严阵以待。尹继伦出其不意，率军从辽军背面袭来。尹继伦身先士卒，先杀辽军一员大将，辽军惊溃。耶律休哥正在吃饭，见宋军突然杀来，惊慌失措，连忙逃命，混乱中手臂中刀，骑马逃走。辽军群龙无首，四散逃窜。

李继隆和镇州副都部署范廷召率大军涉河追击，俘获辽军官兵无数。定州副都部署正与辽军在曹河交锋，杀辽军主帅大盈。

此役大挫辽军锐气，从此，辽军不敢贸然南侵。尹继伦因功受赏，迁洛苑使，领长州刺史，兼都巡检使。

小辞典 人物 道士陈抟

端拱二年（989年），著名道士陈抟逝世，他创立的"二十四坐功"传世推广，他作的《无极图》和《先天图》也奠定了内丹学的基本教义。

陈抟对儒、释、道三教的学说都有涉猎。现在流传下来的陈抟的二十四势坐功，是依照二十四个节气进行的，每一势都分成两部分。一部分是身体的姿势，另一部分是肢体的动作，如叠手按脾、拗颈转身，左右偏引、握固转颈，反肘后向，伸头回头等等；另一部分是保健之法，如叩齿、吐纳、嗽咽、咽液，它是在每个动作完成之后做的。在二十四势的每一势之后另列有所治的病症，如腿、膝、腰、脾风湿，肺腑蕴滞等等。

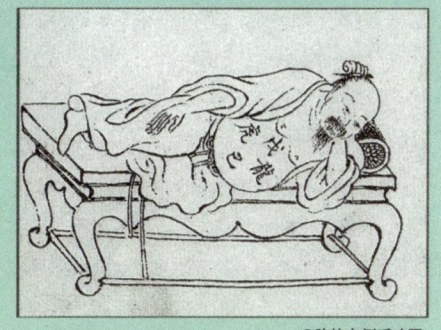
◎陈抟左侧睡功图

◎西岳华山是道教重要的"洞天福地"。华山脚下的玉泉院是为纪念陈抟所建。

陈抟精于《易》理研究，曾作《无极图》和《先天图》，并将《无极图》刻于华山石壁。该图由五个部分组成，最下面的一部分称为"玄牝之门"，是指"人身命门两肾空隙之处"，在这空隙之处，可产生气，称为"祖气"；若将这祖气提升，就称为"炼精化气"，再提升就称"炼气化神"，这是第二部分；若再使这些精、气、神不停运动，并使之贯穿于五脏六腑，就称为"五气朝元"，这是第三部分；贯通五脏六腑之后，五气朝元进一步升为"取坎填离"，遂为圣胎，是为第四部分；而第五部分则是使"圣胎"复还原于元始，"炼神还虚，复归无极"，则功用就达到至高至上的地步。

《百家姓》、《三字经》

北宋时编的《百家姓》和相传为宋王应麟编的《三字经》（一说是宋末区适子所撰），是两种流传较广的以识字教育为主的综合性识字课本。

《百家姓》是集汉族姓氏为四言韵语的蒙学课本，作者佚名。全篇从"赵、钱、孙、李"始，为"尊国姓"，以"赵"姓居首。全篇虽是四百多个前后并无联系的字的堆积，由于编排得巧，亦极便于诵读。不仅为孩童提供识字条件，而且提供全国姓氏的基本内容。

《三字经》自宋编成后，经明、清陆续补充，到清初的本子为一千一百四十字。全书从论述教育的重要性开始，开头是"人之初，性本善。性相近，习相远"，然后依次叙述三纲五常十义，五谷六畜七情，四书六经子书，历史朝代史事，最后以历史上奋发勤学、"显亲扬名"的事例作结，把识字、历史知识和封建伦理训诫冶为一炉。《三字经》"分别部居，不相杂厕"，全为三言，开三言韵语蒙书的先例，且句法灵活，语言通俗，是中国古代最著名的蒙学课本。

《三字经》、《百家姓》和《千字文》曾合称"三、百、千"，成为相辅相成的整套启蒙识字教材，一直流传到清末。后世曾有不少对《百家姓》、《三字经》的改编本，但都未能较久、较广地流传，没能够取旧本而代之。可见旧本在群众中的影响，也可见旧本的文字功力。

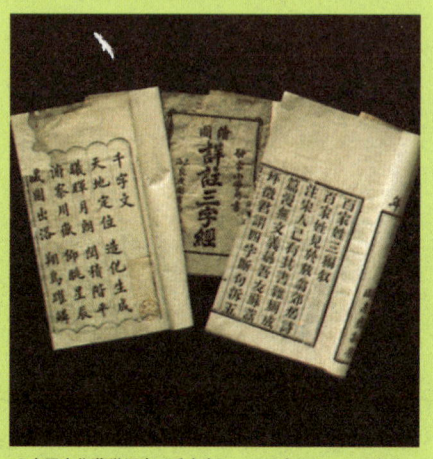

◎中国古代蒙学课本《千字文》、《三字经》、《百家姓》

◎清版《百家姓》

◎清版《百家姓》

宋太宗去世·真宗即位

至道三年（997年），太宗去世，太子赵恒继位，是为真宗。

宋太宗赵匡义，太祖匡胤之弟，于976年继位。在位二十二年间，曾迫使平海军节度使陈洪进、吴越王钱俶相继纳土，又亲征北汉，击败契丹援军而使北汉投降。征辽失败后对辽采取守势，执行守内虚外政策；采取各种措施进一步加强了中央集权；扩大科举考试规模，完善科举制；设审官院，加强对官员的考察和选拔；组织人力编纂《太平广记》、《太平御览》和《文苑英华》等。是一位较有作为的皇帝。

至道三年（997年）二月，太宗弥留之际，宦官王继恩忌太子英明，与参知政事李昌龄、知制诰胡旦等阴谋立楚王元佐，被宰相吕端觉察。三月，太宗驾崩，吕端将奉令召他入宫的王继恩锁禁，火速入宫，以理说服心意动摇的李皇后，奉太子赵恒即位。太子即位后，垂帘见群臣，吕端不拜，待侍臣卷帘，登殿审视新帝确为太子恒时，才降阶率群臣拜呼万岁。是为真宗皇帝。

王小波、李顺起义

淳化四年（993年），王小波、李顺因不堪忍受官府的压榨剥削，聚众起义。

四川一带自晚唐起就很富裕。入宋之后，朝廷对其征加赋税，又设置禁止商旅私自买卖布帛的"博买务"之职，官府和兼并势力趁机贱买贵贩，谋取暴利，使因地狭民稠、耕稼不够供给的四川黎民苦不堪言。淳化四年（993年）二月，王小波、李顺等在青城县（今四川灌县南）率众起义。

淳化五年（994年）正月，起义军攻占了成都，建立了大蜀政权，李顺为大蜀王，改元应运，然后遣兵四出，攻占州县，很快就控制了北抵剑门（今四川剑阁东北）、南及巫峡的广大地区。

◎宋代观音菩萨坐像木雕，显贵妇人之态，坐姿优雅。这是宋代菩萨造像的一个显著特征。

宋辽金夏

宋太宗急令亲信宦官王继恩为四川招安使,统率各路军马入川镇压起义军。王继恩乘虚攻占了剑门关,经栈道长驱入川。五月,王继恩攻破成都,残酷杀害三万义军,李顺战死,许多义军将领被俘后英勇就义。义军余部在张馀等率领下继续征战,占据成都城外,并一度攻占嘉(今四川乐山)、戎(今四川宜宾)等八州。宋氏朝廷不断往川派兵、遣使,至道元年(995年)二月,张馀在嘉州被捕牺牲,十一月,李顺余部全部失败,起义终于被镇压下去,蜀地的战争平复。

王小波、李顺起义,是中国历史上第一次提出"均贫富"的农民起义,具有进步意义。

宋设置市舶司

咸平二年(999年)九月,真宗诏示在杭州(今浙江杭州)、明州(今浙江宁波)设置市舶司,让外来商客经营得到方便。

宋代国家相对稳定,封建经济获得一定的发展,各种商品交换也活跃起来,对外贸易也随之发达,泛海而来经营的外商日益增多。为了加强对外贸易的管理,咸平二年(999年)九月,北宋政府在杭州和明州两个沿海港口设立市舶司。市舶司,又称市舶使司、提举市舶司,其官员有市舶使、市舶判官等,初期由知州或各路转运使兼职,最后因事务渐多而成为专职,掌管的主要事务有:收购海外舶来的货物,以资专卖或上缴,接待各国贡使,招保外商,并对外商经营进行管理和监督;管理本国商船及海外贸易征税等。

杭州港和明州港是宋朝对朝鲜、日本等国贸易的主要港口,后随着海外贸易的不断发展,北宋政府不断在沿海口岸设置新的市舶司,到北宋末年已经增至六个,包括广州、泉州、密州和秀州,负责接待外商。到南宋,靠北的港口常受到金威胁,遂撤销,只设置广、泉、秀三个市舶司,另外在青龙镇、温州、江阴军另设立

◎北宋使臣石像

◎泉州古海港一角

市舶务。

宋代市舶司的设置,为外商活动提供了方便,也促进了本国经济的发展。而港口则大多选择在近海受潮汐影响而又能通航的河口港,为近代中国沿海通商口岸的形成奠定了基础。

柳开倡导古文运动

1000年,宋代散文家柳开逝世。

柳开,大名(今属河北)人,开宝六年(973年)考中进士,官至殿中侍御史。他尊崇韩愈、柳宗元,曾名肩愈,字绍元,以示向韩愈看齐并继承柳宗元的古文。柳开是宋代古文运动的先驱。他倡导复古,反对五代浮靡的文风,认为古文"非在辞涩言苦,使人难读诵之,在于古其理,高其意,随言短长,应变作制,同古人之行事,是谓古文也"(《应责》);宣扬文道合一,"吾之道,孔子、孟轲、扬雄、韩愈之道;吾之文,孔子、孟轲、扬雄、韩愈之文也";认为文与道有主次关系,"文恶辞之华于理,不恶理之华于辞也",尤为强调道对文的决定作用。柳开的古文理论在一定程度上打击了宋初颓靡的文风,也是后来欧阳修诗文革新运动的先声。但他在创作实践上成就不高,他的古文也未能联系实际,"随言短长",而不免有"辞涩言苦"之弊,因此影响不大。其代表作有《代王昭君谢汉帝疏》、《上窦僖察判书》等。所著《河东先生集》,有《四部丛刊》影旧抄本。

◎北宋宦官立像（之一）

◎北宋宦官立像（之二）

宋角抵、手搏流行

角抵亦称"相扑"、"争交"和"角力",从五代流行至宋代,并日益兴盛。北宋时期,宋真宗曾因角抵活动发展迅猛且时有人受伤,而下令禁绝。但角力仍因其能"宣勇气,量巧智也。然以决胜负,骋骄捷,使观之者怯懦,成壮夫"而流行于城镇和农村。当时的京城瓦肆呈技艺中,已具有"小儿相扑"和成人"角抵"的内容,有人还因为"善角抵"名噪京城,可以说角抵活动在当时已以其独特的风格形式成为大众欣赏的对象。

相扑活动的形式基本上可分成两大类:一类是正式争胜负的比赛,具有"打擂台"的意味。这类活动有些由政府出面组织,有些是民间自发组织。比赛的胜者可以赢得重奖、官职等利益。第二类是在瓦舍等游艺场所日常进行的表演性质的相扑,它没有很强的竞争性,主要以表演来娱乐群众。相扑的服装也沿袭汉唐以来旧制,双方上身赤裸,下身光腿赤足仅腰胯束短袴,头上梳髻不戴冠,有时也足穿靴或鞋。

"手搏"是使拳的一种形式,也就是拳家们放对。当时的手搏已是"肘"、"拳"、"脚"兼用,并有翻转的各种变化。《史弘肇龙虎君臣会》中描写:"二人拳手厮打,四下人观看。一时二拳三翻四合,打到分际,众人齐喊一声,一个汉子在血泺里卧地。"从手搏场面中可以看出当时手搏在民间流行的盛况以及其技艺进一步向兼用多变的方向发展。

◎宋代相扑图壁画摹本(山西晋城南社出土)

宋辽金夏

火焰喷射器

早在西汉末年，中国人就发现并使用了石油。南北朝以后，就开始把石油应用于战争中的火攻；后梁贞明五年（919年），首次出现了用铁筒喷发火油的"喷火器"；这一切都为宋人的火焰喷射器奠定了技术和实践的基础。

北宋初年，随着火药用于军事之后，军队装备了一种结构更完善的火焰喷射器，当时人们称之为"猛火油柜"，因为它是用猛火油作燃料的。这种猛火油柜，

◎宋代黑火药的主要成分硫、硝、炭

根据《武经总要》的记载，形状是一个长方体的熟铜柜，下端有四个脚，上方则伸出四个铜管，管上横置一唧筒，唧筒通过铜管和油柜相通，唧筒前部装有"火楼"，里面盛有引火药。猛火油柜每次可注油三斤左右，发射时，先用烧红的烙锥点燃"火楼"中的引火药，然后用力推拉唧筒，向油柜中压缩空气，使猛火油自"火楼"中喷出，点燃成熊熊烈焰。猛火油柜可用以烧伤敌人，焚毁战具，水战时则可烧浮桥、战舰。

当时除猛火油柜以外，还有一种形状小巧的喷火器，是用铜葫芦代替笨重的油柜，便于携带和移动，这种小型火焰喷射器主要用于守城战和水战。

◎炼丹引爆图。炼丹时常发生爆炸，古人由此启迪，发明了火药。

宋设立翰林医官院和太医局

淳化三年（992年），北宋政府设置翰林医官院，成为掌管医药卫生政令，负责为皇帝及其眷属治病的医药机构。政府对医官的选拔和考核是相当严格的。医官一般是40岁以上有经验的医生，经过各科专业考试合格后才能任用，而且录用后还要对医官定期考核，一旦发现成绩较差，则会被罢黜。北宋政府之所以要这样做，是因为翰林医官除了对皇室负责医疗保健外，还常常要奉旨为大臣看病，或被派往军队、学校、少数民族地区甚至邻国担任医疗任务。

为了给国家培养更多的良医，以满足社会的需要，宋仁宗采纳范仲淹的建议，于庆历四年（1044年），在太常寺设立太医局，作为专门的医学教育机构，由著名医家孙用和、赵从古等讲授医学。当时所讲授的课目有《素问》、《难经》、《诸病源候论》、《千金要方》、《补注本草》等公共课程，同时根据学生选学专业的不同，还要选修《伤寒论》、《针灸甲乙经》、《脉经》、《龙木论》、《千金翼方》等。

太医局建立后，前往求学的人很多。嘉祐五年（1060年），规定太医局最多不得超过120人。而且由于名额有限，招生条件也比较严格，考生必须在15岁以上，先到太常寺报告本人家世及履历，由召命官、使臣、翰林医官或医学一员做保证人，先旁听一年，经考试合格后，方才由太常寺发牒，成为太医局的正式学员。

北宋末年，政府明令：医学和太学、律学、武学并列同等地位，不再为士人所耻，这就满足了医学生与儒生平等的心理愿望，对吸引儒者习医，提高医生队伍的文化素质，起到了积极作用。

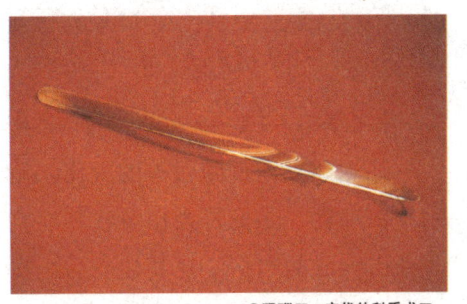
◎玛瑙刀。宋代外科手术刀。

◎翰林医官王怀隐像

辽捺钵制度

辽朝建立前，随四季的变化，逐水草而迁徙，是契丹人在游牧和渔猎生活中养成的习俗。辽朝建立后，皇帝依然四时游猎，并在游猎之地设置行营，于是，捺钵制度逐渐形成。

"捺钵"在契丹语中为行营之意。皇帝常驻某地为斡鲁朵，皇帝外驻行营为捺钵。由于捺钵是按春、夏、秋、冬四时进行，因此，捺钵又称"四时捺钵"。四时捺钵在辽中期已固定下来。

春捺钵地点在鸭子河，大致在长春州（今吉林扶余他虎城）东北的鱼儿泺和混同江（今第二松花江）一带。夏捺钵的地点在庆州附近的永安山和归氏州的炭山。秋捺钵在永州（今西拉木伦河与老哈河汇合处西南）西北五十里的伏虎林。冬捺钵的地点在永州东三十里的广平淀。

辽帝的四时捺钵，并不是单纯的游猎小憩，其目的一方面是为了保持契丹人惯骑善射的尚武精神，另一方面也趁机集中群臣商讨国家大事。因此，每次捺钵，朝中大小臣僚都要跟随。

辽代捺钵的禁卫制度对金、元、清三朝都有很大影响，元代怯薛制度就是源出于辽代捺钵。

契丹大举南攻·澶渊之盟订立

景德元年（1004年）闰九月，契丹圣宗与萧太后率兵二十万大举南下攻宋。

十月，辽军攻保州（今河北保定）等地不克，转攻瀛州（今河北河间），太后、圣宗亲自击鼓助战，辽军阵亡三万余人，终未攻取，不得不撤军。萧挞凛率师攻下了祁州（今河北安国）。

十一月，辽将耶律课里败宋军于洺州（今河北永年东），萧观音奴等攻克德清军（今河南清丰），宋真宗在宰相寇准等极力促使下，终于决定亲征，其车驾到卫南县（今河北长垣北），辽师进逼澶州，从三面围城。宋将李继隆等分伏强弩，控制要害。辽将萧挞凛自恃骁勇，以轻骑临阵督战，被宋军弓箭射中而死，辽军气势

◎永庆陵壁画中的"冬捺钵"情景，保持了"行国"的特点。

宋辽金夏

宋辽和睦·设市贸易

◎磁州窑梅瓶。磁州窑是宋代北方民间瓷窑之一，创烧了中国最早的釉上彩。

受挫。宋真宗一行自卫南向澶州进发，先驻澶州南城，后到达北城，并登上城门楼，张插黄龙旗，宋军士气大振。

至此辽军损兵折将，宋军则急欲辽撤兵，不敢与辽军决战，因而双方互派使者，加紧议和，经过几次交涉，双方于景德元年（1004年）十二月立下盟约。互换誓书后，辽军撤退，宋真宗亦回京师。因该盟约订立于澶州城下，史称澶渊之盟。

澶渊之盟缔结后，宋辽106年内不再有大规模的战事，为双方的经济、文化发展及相互交流缔造了条件。

宋、辽自澶渊之盟缔结后，双方都采取了一些措施，互致友好。

宋、辽原先在边境地区设有互市市场即榷场，专设有官员监督贸易和收税，商人入场贸易，须交纳商税、牙钱。宋辽边境冲突激烈时期，榷场贸易多停废。宋景德二年（1005年）、辽统和二十三年（1005年）二月，辽再置榷场于振武军（今内蒙和林格尔北），以羊及皮毛换取宋地绢绸，彼此互利。同时，宋在雄州（今河北雄县）、霸州（今河北霸县）、安肃军（今河北徐水）开放榷场，双方都采取了一些管理榷场的措施，互致友好表示。

除此外，景德二年（1005年）二月，宋还命开封府推官、太子中允、

◎辽墓画中的汉人执事

直集贤院孙仅担任辽国母生辰使,出使辽,受到极好的礼遇。十月,又派支判官、太常博士周渐为辽国主生辰使,职方郎中、直昭文馆韩国华为辽国母正旦使,盐铁判官、秘书丞张若谷为辽国主正旦使,并对使节携带礼品名目等作了具体规定。十一月,辽圣宗耶律隆绪也遣使者贺宋真宗赵恒生辰。自此后百余年间,宋、辽双方基本保持一种和平友好的关系。每年双方互派使臣交贺"生辰"、"正旦";若旧君死亡、新主登位,则又有"告哀使"、"告登宝位使"的派遣,对方亦有"祭奠使"、"吊慰使"、"贺登宝位使"的报聘。宋辽双方的和睦相处,为双方的经济、文化发展及互相交流创造了条件。

伊斯兰教兴盛于海港城市

两宋时期,中国的海上对外交通和贸易日益发展,阿拉伯商人纷纷来华,有些人长住不归,并成了巨富。他们在广州、泉州等沿海城市娶妻生子,逐渐华化。他们衣装与当地人不同,饮食习惯则已基本中国化,只是不吃猪肉。他们带来了伊斯兰教信仰,在所居地建清真寺,向真主礼拜。

泉州是宋代四大商港之一,穆斯

◎泉州清净寺。始建于北宋,是中国现存最古老的清真寺之一。

林商人较多,清真寺也很集中。圣友寺建于宋大中祥符二年(1009年),建筑式样是中世纪伊斯兰教传统形式。清净寺建于北宋,是我国现存最早的伊斯兰教建筑之一。"清净"二字后来演变为"清真",即伊斯兰教称颂真主"清净无染,真乃独一"之意。富有而友好的阿拉伯穆斯林,有的出钱资助城市建设,有的被宋朝廷任命为朝官或节舶使。他们的商业活动促进了中外文化、经济交流,中国四大发明被他们带到欧洲,阿拉伯的天文、历法、航海、地理、医药成果也随他们大量传入中国,丰富了中国的文化内容。宋代阿拉伯人居华,与华人通婚,促进了回族的形成,对中国经济、文化各方面都起到不可低估的作用。

宋行封禅尊孔

封禅为古代帝王祭天地的礼仪活动。同辽等兵革相加的边境局面结束后，宋朝国势趋于平稳，王钦若为了排挤宰相寇准，借言澶渊之盟为莫大耻辱。寇准遂被罢相，而宋真宗也常为难以洗刷城下之辱而怏怏不乐。王钦若等迎合真宗想建大功业的心理，力作圣人的神道设教的舆论鼓动。景德末年（1007年），宋廷始言封禅事。既而真宗诈称天书降，改元大中祥符。大中祥符元年（1008年）四月，正式议定行封禅，诏以当年十月有事于泰山。

大中祥符元年（1008年）十月，真宗一行自开封经澶州（今河南濮阳）至泰山。王钦若等献上泰山芝草三万八千二百本，接着举行庄严隆重的封禅，先享天上帝于圜台，再禅祭皇地祇于社首山。之后又进行祭孔活动，真宗新谒孔子庙，加谥孔子为玄圣文宣王。十一月回京，前后四十七天。又诏自今祭告天地、社稷、宗庙、岳渎，其后土亦致祭。十二月，命丁谓、李宗谔编修《封禅记》。次年正月，真宗召辅臣至内殿朝拜天书，后每年若此。自封禅还后，满朝文武官员争相献贺功德，真宗则大行赏赐，举国若狂。此次封禅共耗费去830余万贯，成为民众的沉重负担。

◎宋代岱庙天贶殿巨型壁画《泰山神启跸回銮图》

超新星爆发记录

小文化辞典

宋真宗景德三年（1006年），在豺狼座爆发的超新星，是历史上极为壮观的一次爆发，这颗星最亮时达到-9.5等，大约是满月亮度的十分之一。

宋代对这次超新星爆发作了极为珍贵的记录。其中以真宗景德三年三月乙巳（1008年4月3日）和五月壬寅（5月30日）两次记录最为详细。当时对该星的记录是"状如半月，有芒角，煌煌然可以鉴物"，并记载该星在当年十一月仍然可以看见。

此次爆发，世界上只有中国和日本有记录，而中国的记录最为详细。当时记录有："宋仁宗至和元年五月己丑（1054年7月4日），客星出天关东南，可数寸，岁余稍没。"这次记载使我们得到一个极为珍贵的科学资料。现在在这颗超新星爆发的地方，可以看到一个美丽蟹状星云，里面呈蓝色光辉的弥漫星云，外面交织着一些红色的纤维。金牛座蟹状星云正是1054年爆发的那颗超新星的遗迹。宋代有关超新星记录留下的十分丰富的天象资料，是宝贵的科学文化遗产，至今受到世界天文学家的注意。

◎《湖庄清夏图》，赵令穰画。

宋小景山水画繁荣

北宋在盛行千山万壑的全景山水和寒林树石平远山水的同时，还有另一种以画溪塘、汀渚、雁鹜、鸥鹭为题材的充满诗意的小景山水画。小景山水不同于全景式山水，它截取自然景观中平淡无奇却赏心悦目的部分，以细笔尽情描绘出诗境，代表人物是惠崇、赵令穰和王诜等人。僧人惠崇，福建建阳人。生活在宋代前期，能诗善画，尤工小景，善为寒汀远渚潇洒虚旷之像。惠崇的小景山水常于江岸水滨点缀自由翔止的禽鸟，因而《图画见闻志》将他归入花鸟门。他的画平淡清新，富有诗意，情景交融，别具一格。在他的《春江晓景》上，苏轼欣然命笔，写下"春江水暖鸭先知"的名句。传为惠崇的《溪山春晓图卷》生动地画出江南三月的明媚春光。河岸水边春柳随风摇曳，桃花映水而开，鹭鸶水鸟在水上栖止飞翔，溪中还泛有扁舟，具有浓郁的抒情色彩。

在宋一代，还有一些以画小景山水见长的画家，如梁师闵等，他的《芦汀密雪图》画江南雪湖中的水禽，笔迹清润，令人心爽。

◎《芦汀密雪图》，梁师闵画。

宋话本小说兴起

宋代出现了一种新的文学式样——话本小说。话本小说是说话的一种书面总结表达方式，说书艺人为博得听众喜爱，调动了许多艺术手段为之服务，比如在正式开讲之前吟诵几首诗词，或讲一两个小故事，这种在正式演说之前的插曲叫"入话"，在对人物、环境和事件进行细致描绘时往往用韵文，起渲染烘托、承上启下或赞评作用，全文结束处有收场诗，总结主题，多带规劝训诫之意，长篇故事分成数次来说，开了后来章回小说的先河。

话本小说具有很高的艺术成就，而作为一种新式的文学体裁，特别在创作方法和白话语言的运用上，很多话本小说能真实入微、引人入胜，话本小说大多能以巧妙的布局、波澜起伏的发展过程来打动人。话本小说不仅描绘人物的外貌特征，而且善于把

◎宋代《卖眼药图》。表现了剧目演出时的场景。

人物放在摄人心魄的故事发展过程中加以表现，以环境描写、心理描写、对话等手段使人物具有立体感，带有典型性。话本小说所用的白话语言达到了高度成熟的地步，它基本上以当地的口语为主，准确生动，而又通俗

自然，其表现力是典雅的文言难以达到的。

宋代话本小说的大发展，是中国小说史上重要一环，它那现实主义和浪漫主义结合的创作精神，给后人极大启发。

茶成为生活必需品

宋代，政府对茶树种植大体采取支持、鼓励的态度，士大夫中间存在着斗茶的风气，茶不但产量高，而且品种多、工艺精，当时，茶已经成为人民的生活必需品。

茶的种植与采摘在宋代有明显发展。宋代茶的产区大体遍布淮河以南的广大地域。福建茶在宋代受到推崇，官方曾在建安（今福建建瓯）北苑设官茶园。建安一带官私茶园密集，有茶焙一千三百三十六处。两浙等路在茶产量上更胜一筹，两浙路共十二州，州州产茶。其中，湖州的紫笋、常州的阳羡以及绍兴的日铸茶，都是茶中极负盛名者。南宋时期，临安府、两浙路严州（今浙江建德）的岁课茶各超过两百万斤，都是当时课茶额最多的州府之一。

茶叶是宋代主要禁榷商品之一。北宋初期，全宋官方每年共榷买茶2306万斤，到宋真宗大中祥符八年

◎宋代斗茶图。人们通过烹、饮茶、品茶和斗茶来比试自己茶道的高低。

◎《卢仝烹茶图》，钱选画。

（1015年），年榷买茶增加到2906万斤，南宋孝宗统治时期，全宋年课茶已达到3866万斤。

宋代茶由园户种植，有的园户拥有茶山，有的只有茶园几亩。采茶与制茶一般都由农民来完成，而名贵茶叶的制作则向专业化方向发展。

宋租佃关系主宰农村

宋代以前农村的社会关系是以庄园制度、农奴制度为主。到了宋代，一种进步的制度取代它们而占主导地位，这就是租佃制度。宋代租佃制度的主导地位，是由于生产力的发展促使土地所有制新格局的形成而得以确立的。鼓励和支持私人对土地的占有，允许土地自由买卖，原则上不限制个人占有土地的数量，对土地兼并采取放任态度。有钱人便把土地作为财富增值的可靠手段，竞相购买土地。

宋代的租佃制度在当时的历史条件下，是一种进步制度。在租佃制度下，佃户尽管有沉重的负担，但他们基本上摆脱了地主对生产过程的粗暴干涉，获得了经营自主权，不再在地主的直接监视和鞭打下从事生产，与农奴比，佃户生产的积极性显然要高得多。因而对社会生产力的发展有促进作用。

宋代租佃地主与佃户之间的关系主要是一种契约关系，这种契约关系基本内容主要包括两方面：一是租佃的土地具体位置及数量，二是地租偿纳方式和数量。地租主要有分成租、定额租两类，以分成租最为流行，其中又以主佃各半的对半分最为常见。田租征收以实物为主。

宋代租佃关系的产生，适应了社会生产力的发展，主宰着当时农村社会，形成了典型的封建社会的生产方式，是社会历史进步的一个表现。

◎北宋小工商业者的砖雕，将担子的重压与挑夫用力的情形表现得十分逼真。

范仲淹

范仲淹（989~1052年），字希文，苏州吴县（今属江苏）人。大中祥符年间进士。为官以后，政绩显著，建树颇多。常自诵"士当先天下之忧而忧，后天下之乐而乐"。天圣初，任泰州兴化令，主持修筑捍海堰，世称"范公堤"。康定初负责对西夏的防务，筑城营田，对防御西夏起了重要作用。庆历年间，又改革吏治，发展农业，加强武备，被称为"庆历新政"。他还每每慷慨激昂，抨击时弊，奋不顾身，开创了一代士大夫重视气节之风。在个人生活方面，他勤俭持家，乐善好施。他独具慧眼，提拔一大批年轻有为的官僚，因而美名远扬。所到之处，多施仁政。

他在文学上的主张与其政治革新的要求相一致，认为"国之文章，应于风化，风化厚薄，见于文章"，功利目的较强，反对那种"专事藻饰，破碎大雅，反谓古道不适于用"的浮华文风。他擅长词赋文章，所作政论趋向古文，流传后世的有著名的《岳阳楼记》。他传下来的诗词只有六首，其中的《渔家傲》表达了作者决心捍边御敌的英雄气概，同时也反映了作者思念家乡的情绪以及战士们生活的艰苦性，格调苍凉悲壮、慷慨激越，与那些靡丽的闺怨词形成鲜明对比。

◎范仲淹像

宋铜钱鼎盛

宋代是中国历史上铜钱铸造量最大的时期，铜钱于此时鼎盛起来。

宋代主币铜钱的币材是铜、铅、锡，随着铜钱的大量铸造，相应地，铜、铅、锡的开采和冶炼都远远地超过了前代。元、明两代和清代大部分时间里的铜、铅、锡年产量，也都未能赶上宋代，铜、铅、锡的大规模开采和冶炼，反过来又促进了铜钱的盛行。

宋代最重要的铜产地有韶州岑水场（广东翁源境内）、信州铅山场（今江西铅山境内）、潭州永兴场（今湖南浏阳境内）等。岑水场和铅山场采矿、冶炼的工人最多时均达到十万人以上，产铜最多的年份曾达数百万斤。永兴场规模稍微小于岑水、铅山场，但是产铜最多年份也超过了二百万斤。这三场同时又是胆铜生产法重要产地，年生产能力各曾达数十万斤。

宋朝铜的大规模开采和冶炼，也使两宋私造铜器现象严重。宋朝实行铜禁，即严禁私人铸造铜器及贩运铜器出境，凡是民间所需铜器，按规定一律向官方开办的铜作务购买。

宋代，除了主币铜钱外，还有重要辅币银。银矿在宋朝也得到大规模开采，银产量随之增加，银作为铜钱的补充，在人民生活中广泛应用。

宋辽金夏

宋特殊货币区形成

宋朝市场上，流通大量的金属货币，有铜钱、铁钱和金、银。这样，在统一的宋王朝内部，划分出不同的货币区，形成了一个又一个特殊货币区。

北宋前期，为了掠夺川蜀地区的财富，宋王朝在四川地区禁用铜钱，专用铁钱。铁钱十枚才抵得上一枚铜钱。为了解决铁钱携带不便的困难，宋真宗时，成都的十六家富商联合发行交子，这是世界上最早的纸币。宋仁宗时，交

◎宋代大观通宝

◎宋代淳熙元宝

◎宋代未有统一的铜铸币制度，皇帝每改一次年号，都要铸新币，造成宋币名类繁多。如"宋元通宝"、"大观通宝"、"崇宁通宝"、"重和通宝"、"淳熙元宝"等。

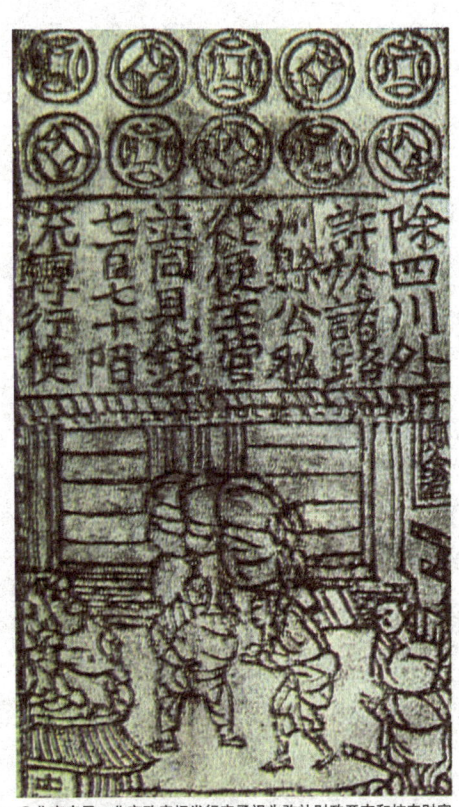
◎北宋交子。北宋政府把发行交子视为弥补财政开支和掠夺财富的工具，曾将交子推行于陕西等地。

子的发行权收归官府。于是，四川地区就成为一个特殊的货币区。

北宋仁宗时，宋朝与西夏发生战争。大规模的战争之后，双方达成和议。议和以后，双方在交界地区进行贸易。为了解决战争中部队的供给问题以及便利贸易，宋朝在西北部边境的陕西、河东西路发行铁钱。此后，陕西和河东就成为宋朝的又一个特殊货币区——铜钱铁钱兼行地区。

南宋时期纸币发行量很大。四川地区继续使用铁钱和钞引（宋代的钞引是便利钱币汇兑的产物，也可用于钱制或物物汇兑）。后来南宋王朝又在四川发行会子。这样四川仍然是一个特殊货币区。

南宋时期，金军几次南下，追击南宋统治者。经过大规模战争，宋金达成和议。为了防止铜钱流入金朝境内，宋朝又在长江北岸与金国相邻的湖州地区大量发行纸币。

宋代在统一的国家内划分不同的货币区，分别推行不同的货币制度，在中国古代史上是很有特色的。

天台埽治河工程完成

天圣元年（1023年）四月，宋仁宗任命祠部郎中孙冲为都大巡河，张君平为签书滑州（今河南滑县）事，负责堵塞滑州决堤的黄河河道。其后宋仁宗派参政知事鲁道宗监督这一工程的进展情况，张君平又推荐太常博士李谓为修河都监，管理堵塞河道事务。鲁道宗采纳了李谓的建议，准备夏天动工，但孙冲认为夏天堵塞河道只能是浪费人力、物力，即使堵住了，必然还会决口。鲁道宗却一意孤行，这次堵塞黄河决口工程告败。天圣五年（1027年）七月，宋仁宗又任命彭睿为修河都部署，宦官岑保正为钤辖，宦官阎文应、水利专家张君平为修河都监，率领38000余名丁夫、31000余名士兵，堵塞滑州黄河决口。同年九月，修筑滑州黄河决口的工程顺利完成，宋仁宗将堵塞滑州黄河决口的堤坝命名为天台埽（今河南滑县西），负责这次工程的官员均得到不同程度的升迁。

◎埽工是宋代兴起的著名的水利建筑措施。图为今日黄河大堤将埽工护堤改为水泥和石砌的护堤险工。

计时器莲花漏

天圣八年（1030年），燕肃制造莲花漏。

燕肃，字穆之。一生精于机械仪器制造，尤以所制计时器——莲花漏最为著名。

从宋代杨甲著《六经图》中的"齐国风挈壶氏图"中可看出，燕肃所制的莲花漏主要由漏壶，刻有子、丑、寅、卯等时刻的莲花箭，渴乌（虹吸管），上匮和下匮（平水壶），竹注筒和减水盎几部分组成。其具体计时方法是：依造古代漏斗计时的方法，在漏水壶上方置刻有午时的莲花箭。漏水壶下方有一小小的退水孔，水从退水孔中一滴滴流出，浮在漏水壶水面上的莲花箭头通过升降指示不同的时刻。为了确保计时准确——流入漏壶的水必须保持一种恒定的流量，因为流量大或小都会影响箭头的升降速度。燕肃采取一种多级平水壶的方法，也就是在漏壶的偏上方放置几个呈梯级排列的平水壶，平水壶之间由虹吸管相连，直通漏壶。这样，水从更高的地方流入第一个平水壶，而各个平水壶的水面都是恒定的，这样多余的水通过虹吸管从第一个平水壶流入第二个平水壶，为了保证水量的均匀流动，在第二个平水壶下方装有竹注筒，多余的水通过竹注筒流入减水盎。这样水量通过第一个平水壶、第二个平水壶再流入漏壶，其流量是相当恒定的。因此，漏壶所计算出的时间也相当精确。

燕肃所制造的莲花漏，因其制造简便，计时准确，在当时就曾风行各地。作为中国古代计时器，它充分体现中国古代高超的计时器制造技术。

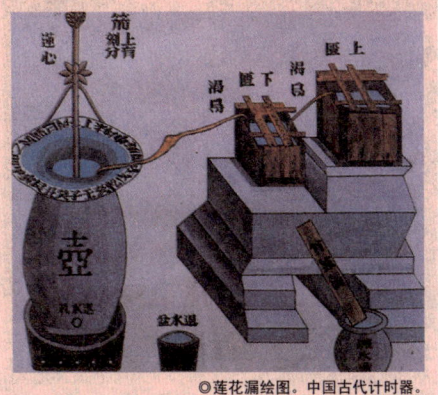

○莲花漏绘图。中国古代计时器。

宋矿冶业的发展

两宋是我国古代冶金技术发展较快的阶段。金属冶炼和合金技术、铸造技术以及金属加工技术都有极大发展。两宋冶金技术最显著的进步是：冶铁炉上使用了活门式风扇，与以前一直使用的鼓风器"橐"相较，是一较大的进步；生铁炼炉的构筑技术有了提高，宋代炼炉大多采用倚山而建的方法，人们可利用上方平台上料，利用下方平台送风、放渣、出铁，炼炉体积不太大，炉腔多呈梨形；灌

钢、百炼钢有了发展，这两项技术大约都产生于东汉时期，但具体操作的记载均见于宋代，沈括《梦溪笔谈》对两者均有叙述，可见宋人对这两项工艺已有了较深的认识；胆铜进行了大规模生产，有烹炼法、浸泡法、淋铜法等三种不同操作。另外，在宋代，以炉配制黄铜的技术已有明确记载；失蜡法铸造、砂型铸造、金型铸造又有新的进步；铜铁冷锻技术、花纹钢技术、高锡青铜热加工技术也有提高，发明了加轴剪，铜铁拉拔工艺也很可能已被发明；锻件在生产工具中进一步取代了铸件的地位。

宋朝对矿冶的管理形式较为多样，或者设监、场，委派官吏经营生产或收买矿产品，或者委托服职役者主持采炼，或者实行承包给私人。

◎北宋蹲狮陶塑。唐宋时期，狮子的雕塑甚多。

◎当阳铁塔。建于1061年，是中国古代大型铸铁建筑物之一。

◎金人的玉佩饰

《武经总要》成书

《武经总要》是中国现存的最早一部官修兵书，规模空前，它是宋仁宗时仿照以往官修正史的组织形式，专门设立书局，由翰林学士丁度和曾公亮总领一班通晓军事的文人编写的。这部书卷帙浩大，体例完备，内容丰富，非以前任何一部兵书所可比拟，可谓中国历史上第一部军事百科全书；它在许多方面具有创始性，对于研究中国军事学术史和兵器史有着重要的参考价值。

《武经总要》全书共四十卷,分前后两集,前集二十卷,其中制度十五卷,边防五卷,论述了军队建设和用兵作战的基本理论、制度和常识,内容有选将用兵、教育训练、部队编成、行军宿营、古今阵法、通信侦察、军事地形、步骑应用、城邑攻防、水战火攻、武器装备等,并配有大量插图,以及军事地理方面的内容,比如边防各路州的方位四至、地理沿革、山川河流、道口关隘、军事要点等。后集二十卷中,后五卷为阴阳占候等内容,另有故事十五卷,依照兵法,分类介绍历代战例,比较用兵得失,总结经验教训。

◎宋代官方编修的《武经总要》

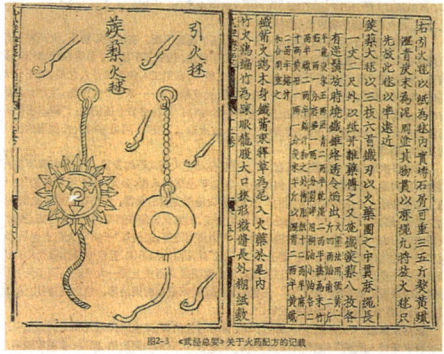
◎《武经总要》中关于火药配方的记载

人物小辞典

欧阳修

欧阳修(1007～1072年),字永叔,自号醉翁,晚号六一居士,吉州永丰(今江西吉安)人,北宋著名文学家,为唐宋八大家之一,北宋诗文革新运动的领袖人物。他幼时家贫,靠苦学成才;二十四岁中进士后,任过朝廷和地方的许多官职,在北宋中叶也是重要的政治人物。当时,统治阶级内部以范仲淹为代表的改革派与保守派在政治上斗争激烈,欧阳修积极支持范仲淹的政治革新及改革文风的主张,以新的文学理论和丰富的创作实践领导了诗文革新运动。

在散文创作实践方面,欧阳修的成就达到了"众莫能及"的高度。其中最能代表其文学成就的,当属他那些脍炙人口的游记体抒情散文。在著名的《醉翁亭记》中,欧阳修通过描写滁州山水之美及游赏之乐,表现了一种在自然美景中超脱个人得失、处于逆境而不屈的精神气度。在艺术表现手法上,作者注重情景交融,营造出诗一般的意境。

欧阳修在诗歌创作上的成就不及散文,但亦有其特色。欧阳修以其诗文革新的理论主张及创作实践,为宋代散文的发展奠定了基础,并对清除西昆派的浮靡诗风起了积极作用,使诗文革新运动硕果累累,成为北宋文学的主流。

◎欧阳修像

宋人薄葬

宋代以前，厚葬之风盛行。商周时期，奴隶主不惜将大批奴隶、牲畜和日常用品殉葬。秦汉以后，地主贵族则用陶、瓷制作成精美的俑、楼宇、鸡狗马豚、粮瓶以及木制的食碗、羽觞等物随葬，此外还有许多珍宝、钱币。近年从考古中发现，宋墓中的器物远远少于汉墓和唐墓。少数宋墓中尽管也出土过较多器物，但在规模和数量上远远比不上汉、唐墓。这说明在宋代薄葬已逐渐形成一种风气。

◎河南巩县的宋代石棺

宋代时，人们追求现实生活的享受，反对厚葬，主张薄葬。官府明文禁止厚葬，颁行丧葬令，规定棺椁内不得安放金银珠宝，不准用石板作为棺椁和建造墓室。还规定墓田的面积、坟的高度、石兽和冥器的数量等，都有品级的限制。当时上至朝廷官员下至普通百姓大多支持薄葬，例如在仁宗时，翰林学士承旨宋祁撰《治戒》篇授其子，声明他身后要三日敛，三月葬，不受流俗阴阳拘忌；棺用杂木制成，不将金铜杂物放入墓中，墓上种五棵柏树，坟高三尺，不得用石翁仲和石兽（《景文集·戒》）。

与薄葬风气相关的是用纸钱和纸质冥器来代替铜、铁钱和陶俑、木俑及陶制用具等殉葬品。另外，因为火葬具有省钱省地的优点，在宋代也甚为流行。各地僧寺还办有火葬场，当时称"化人亭"，专门为世俗百姓服务。

元昊即位建西夏

明道元年（1032年）十月，夏国王赵德明去世，其子二十九岁的元昊在同年十一月继位。元昊在继位之初，即已萌立国之志。

此后，元昊虽表面上仍向宋朝、辽朝称臣纳贡，但其车马、服饰、仪卫都是按照帝王的规格设计的。接着改显道年号为开运，"建元表岁，以示维新"，后又改为广运。

显道二年（1033年）五月，元昊开始建立新的官制体制，设立文武官职，设立的衙门中有中书、枢密、三司、御史台等衙门的职掌且大多与宋朝相同。

大庆元年（1036年）九月，元昊又开始改革兵制，使西夏士兵人数大增，设立十二监军司。同时元昊彻底改革西夏的传统风俗，颁布秃发令。还有元昊根据自己的意图

◎西夏面具

◎西夏瓦当

◎西夏鎏金铜牛

创造了蕃字，加以改造后称为西夏自己的文字。

在进行各种改革的同时，元昊不断攻城掠地，建国前已占据了夏、银、静等州的土地，基本上确立了西夏的版图。

天授礼法延祚元年（1038年）十月，元昊称帝，建国号为大夏，改年号为天授礼法延祚，历史上称为西夏。随后元昊任命了各级的官僚，于是西夏国就正式建立起来了。

西夏文字创立推行

西夏文字是西夏王朝开国皇帝李元昊，为增强民族意识，命令大臣野利仁荣仿照汉文主持创制并推广使用的词符文字。总共创制六千余字，编纂成书，分十二卷，称作"国书"。

西夏文字从文字结构上可分解成单纯字和合体字两大类。其中单纯字是组成西夏文字的最基本单位。单纯字又分为表意和表音两种，表音字多为常用词，有固定字义、多用以构成新字。表音单纯字通常为借词、地、人名或佛经用语注音，亦用作构成新字的一种成分。合体字又可分为合成字、互换字和对称字三类。合成字是由两个字、三个字或四个字中的一部分、大部分或全体互相组合成新的

宋辽金夏

字。合成字又可分为会意合成字、音兼意合成字、反切上下字合成字、间接音意合成字等。互换字即把一个字中的两个部位交换位置组成新字,有部位全换的,也有上换部分的,两部分互移的。对称字即用相同的两部分构成新字。

由此可见,西夏文字创制既体现了汉字的深刻影响(如构词方式、结构、笔画、字形、书写规则等),又具有自己鲜明的民族特色和创意。

西夏文字创立后,政府大力推行。在政府大力推动下,西夏文字逐渐应用于西夏人社会生活的方方面面。西夏文字创立后,党项族西夏文字与汉字并用,西夏国灭亡后,其后裔仍有人使用,元代和明代中叶均有西夏文,以后湮没,成为一种死文字。

◎西夏陵区出土的西夏文石碑

◎校刻西夏文佛经

◎西夏驿站传递文书时用的敕牌

宋改革淮南盐法

宋明道二年(1033年)十二月改制以前,淮南地区所产食盐完全由官府专卖。参知政事王随认为由官府垄断食盐买卖弊端极多,尤其在运销过程中,更是如此。如负责押运食盐的吏人、士兵往盐里掺砂土,使食盐质量低劣,无法食用,近年运河干涸,运盐船无法通过,边远地区人民无盐

◎宋代海盐生产图

庆历新政开始

宋庆历三年（1043年）九月，范仲淹等上书陈述十件大事，主张推行新政。

庆历三年（1043年）九月，范仲淹与富弼联名上书"条陈十事"，认为目前必须加以解决。这十件大事为：1.明黜陟。范仲淹建议按实际的功、善、才、行考核官吏，干练勤政的予以升迁，否则予以罢黜。2.抑侥幸。宋代官僚实行恩荫之制，范仲淹建议减少恩荫人数，延长恩荫时间，缩少恩荫范围，并对恩荫做官者进行严格考核，否则不能入仕。3.精贡举。改革科举制度，严格考试制度和考场纪律，成绩优异者才能做官。4.择官长。范仲淹建议凡是知县、县令都须由上级官僚保举，并增加保举官员的责任，如果被保举的官僚才能

可食，而淮南地区盐却运不出而堆积如山。亭户（产盐户）从官府所获产盐本钱无法维持生计，往往铤而走险私下贩盐。王随建议通商几年再作打算，江淮安抚使范仲淹也赞同此意见。宋仁宗诏命宋绶、张若谷、丁度等大臣与三司使、江淮发运使一道实地考察。通过考察，他们认为食盐通商会引起严重的私贩盐货现象，影响国家财政收入，于是只好恢复宋真宗天禧年间的旧制，商人入钱京师后，可以在淮南、两浙、江南、荆湖等地区购买官盐贩卖，同时还规定商人在通、泰等州军贩卖食盐时，不许出城，其余的地区商人可以深入乡村贩卖食盐。

◎辽印"安州绫锦院记"

有限或犯了错误，保举者相应受到惩罚。5.均公田。由于官僚人数增加，一些官员任满一届后，很长时间才能再次上任，在此期间没有俸禄，只好借贷度日，等到下次上任后，便大肆勒索。范仲淹建议改进职田法，规定地方官员按等级给予一定数量的职田。6.厚农桑。范仲淹主张大力兴修水利，发展农桑事业，提高农业单位面积产量，保护全国农民生产的积极性，以达到富国的目的。7.修武备。宋夏战争爆发后，禁军多抽调到西北地区，京师防务空虚，范仲淹建议召募京师附近兵员补充。8.减徭役。范仲淹主张省并一些不必要的州、县，以减轻农民的徭役负担，同时减少县衙中的役人，使他们回到农业中去，从而达到国富民强的目的。9.覃恩信。君主应尽量减少赏赐，以免耗费国家大量钱财，而仪式也须减少。10.重命令。各级官僚应该按照国家法律办事，不得贪赃枉法，不得法外用刑。

宋仁宗完全接受了范仲淹等的建议，并将其中一些建议制订成法律条文，责成有关部门执行，并将这些条文在全国公开颁布。这就是著名的"庆历新政"。由于新政触犯了官僚贵族的利益，庆历新政仅推行了一年多便宣告夭折。

宋夏庆历和议成

康定元年（1040年）至庆历二年（1042年）间，西夏连续对宋发动了三次大规模的战事，宋朝每次都遭到惨败。宋在屡败之余虽表示要整军决战，但实际上仍希望能与西夏言和。西夏虽屡胜，但掳掠所获却抵偿不了战争中的消耗，实在是得不偿失。此外，由于民间贸易中断，使得西夏百

◎《西夏王供养像》。西夏壁画。

◎广东南华寺的罗汉坐像。建于北宋庆历七年（1047年）。

姓"饮无茶，衣昂贵"，怨声载道；加上西夏与辽之间又出现了嫌隙，所以西夏也愿意议和。

庆历四年（1044年），宋朝与西夏最后达成协议。和约规定：夏取消帝号，名义上向宋称臣；宋夏战争中双方所掳掠的将校、士兵、民户不再归还对方；从此以后，如双方边境之民逃往对方领土，都不能派兵追击，双方互相归还逃人；宋夏战争中西夏所占领的宋朝领土南安、承平等地以及其他边境蕃汉居住区一律从中间划界，双方在本国领土上可以自由建立城堡；宋朝每年赐给西夏银五万两，绢十三万匹，茶两万斤；另外，每年还在各种节日赐给夏银两万两千两，绢两万三千匹，茶一万斤。宋仁宗同意了元昊所提出的要求，于是宋夏正式达成和议。

庆历和议达成后，元昊多次派遣使者到宋朝，请求宋朝开放边境地区的互市。庆历五年（1045年），宋朝政府决定在保安军（今陕西志丹）和镇戎军（今宁夏固原）的安平皆设置两处榷场，恢复了双方贸易往来。

契丹医术

早期契丹人信仰巫术，治病并无医药，巫术常常是人们防治疾病的重要手段。

辽朝建立前，契丹人在与中原的战争中，掠夺了大量的汉文书籍和科技人才，其中就有不少医学资料和医生。辽统治者不仅注重汉文书籍的收集，而且注意组织翻译工作。辽兴宗时，耶律庶成把汉文《方脉书》译成契丹文，大大促进了契丹医学的发展。

望诊和闻诊是契丹族的传统医学。《方脉书》传播后，契丹医生看病，多用针灸疗法。辽太祖长子耶律倍及族弟迭里特均精于针灸。有一次辽太祖患"心痛病"，召迭里特诊视，迭里特用针刺法使辽太祖痛止病除。

◎宋内府储存药物的药罐

契丹族医生看病，由于北方游牧民族的习惯及天气的寒冷，常以酒当药，驱寒治病。《辽史·耶律斜涅赤传》互载，耶律斜涅赤"尝有疾，赐樽酒，饮而愈"。

契丹医生已知道使用物理降温方法治疗发热病症。如辽太宗耶律德光从汴京北归，患了"苦热"病，随行人员就把他的胸腹、四肢及口中放置冰块，这对缓解病情大有裨益。

◎辽墓壁画契丹人引马图

毕升发明泥活字

庆历年间（1041～1048年），毕升发明活字印刷术，实现人类印刷史上一次伟大变革。

毕升的生卒时间、籍贯及经历不可考。据《梦溪笔谈》卷一八载：毕升用胶泥刻字，字的厚度薄如铁钱，每字一印，用火焙烧使之坚硬而成活字。排版时，先在铁板上放置松脂、蜡和纸灰，铁框排满活字后，再在火上加热至药熔掉，用一块平板按压字的表面，使整版字平如砥，即可印刷。"若止印三二本，未为简易，若印数十百千本，则极为神速"。为了提高效率，通常准备两块铁板，一块用来印刷，一块则可排字。第一块印完后，第二块已准备就绪，这样可以交替使用，瞬息可成。每个字有几个字模，特别像"之"、"也"等字字模多达二十个，以防同板内重复使用。如果有奇字，旋刻之，用草火烘烤，一会儿就能用。

活字印刷的优点主要是减少反复雕刻字模的过程。雕版印刷时，每种书都要自刻一套印版，用过即作废，而泥

◎毕升像

活字印刷便可印刷许多书籍而不会磨损字模，从而大大提高印刷效益。后代的木活字、铜活字、铅活字均由泥活字发展而来。毕升发明泥活字，比德国丁·谷腾堡发明铅活字早四百多年。活字印刷术的发明，是一次印刷史上的技术革命，在人类文明史上起过里程碑式的重大作用。

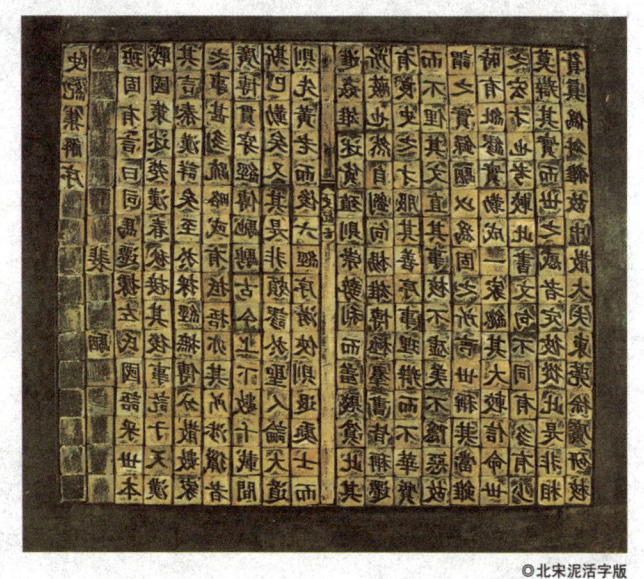

◎北宋泥活字版

宋辽金夏

小文化辞典

中国象棋定型

北宋是我国象棋史上的大革新时代,这个象棋革新的最后结果是象棋逐渐定型为今日中国的象棋,无论是在理论上、技艺上都有较高成就,标志着中国象棋进入了一个新的发展阶段。

南宋时,象戏已成为当时群众文娱活动不可缺少的内容。

临安市内的小商店、小摊贩那里都可以买到棋子棋盘。在一般的茶肆中也置有棋具,供人娱乐。以棋供奉的宫廷棋待诏中,象棋手占了很大一部分,其中还有女棋手。宋代还有专门的棋师,姚宽《西溪丛语》卷上记载一道人善棋,是民间著名棋手。就连当时的船员和乘客都普遍爱好象棋。

棋局记载在南宋已有。如《事林广记》中发现了两局棋,其一,"白饶先顺手取胜局";其二,"白饶先白起列手取胜局"。前者以"炮八平五,炮八平五"起局,后者以"炮八平五,炮二平五"起局。因宋代记谱方法是以黑棋为准,自左至右二十二方都用一至九的中文数码表示,故前局是顺手炮局,后者是列手炮局。

我国象棋在宋代定型后,爱好者不断研习、创新,逐渐丰富了着法的变化,使象棋进入了新的发展时期。

◎约北宋中期的古格王国都城(现西藏札达县)白庙壁画《二十七星宿》,是研究藏族天文历算的资料。

◎约北宋中期的古格王国都城(现西藏札达县)白庙壁画《古格王统世系图》,是西藏仅有的吐蕃、古格王统世系图。

西夏巫术盛行

西夏崇尚"诅祝",也就是巫术,这在《宋史·夏国传》、《辽史·西夏外记》中有许多记载。

巫术在西夏国的民间、政府机构很盛行,甚至皇帝本人也信巫术。

西夏有专职的巫师,或称"厮"。其地位相当重要,仅居太后、诸王、国师、大臣、统军等国家重臣之后。巫师一般被认为有超自然的力量。他们的职责在于预知吉凶福祸驱灾求助,解决疑难。

巫师解决疑难,问吉凶的主要方法是占卜。占卜术在西夏社会具有重要的作用,从日常生活到军国大事都可采用占卜的方法预问吉凶与判断行止。

据史书记载,西夏出兵作战时就要占卜,这类占卜共有四种:

"炙勃焦",用艾草熏灼羊脾骨,察看羊脾骨上被灼烧裂的纹路来判断吉凶祸福;"擗算",在地上劈

◎宁夏银川拜寺口双塔。此时的佛塔地位已从崇拜中心降为殿堂的附属物。

宋辽金夏

竹子，计算竹片数目以定吉凶；"咒羊"，夜间牵羊一只，焚香祷祝，同时在旷野烧谷火，次日一早杀羊，羊肠胃通畅则预示吉利，羊心脏出血出兵必败；"矢击弦"，用箭杆敲击弓弦，用听弦之发声音来判断出兵作战的胜负以及敌人进攻的日期。

占卜术在西夏民间亦被广泛采用。1183年西夏人骨勒仁慧编成《五星秘集》，是有关星和行星的卜辞，其中亦有关于用天空云彩的颜色来判断吉凶的，如冬季白云黄云兆丰收、红云兆战争、黑云兆水灾等。除此，还有用以占卜吉辰，占卜吉日、凶日的卜辞。西夏人对占卜的结果深信不疑，不惜代价按卜辞所云去做。

修凿灵渠

灵渠位于广西兴安县境内，在秦始皇平岭南时开凿后，北连长江水系、湖南地区，南入珠江水系，直通大海，秦汉以后即可航行舟船。

但灵渠底全是石头，河床又窄又狭，十八里之内设置三十六个斗门，一级一级抬高水位，才能通航，而且船的载重量不得超过一百石，否则会搁浅。枯水期根本不能通航，只有涨水期才有运输。

宋嘉祐三年（1058年）九月，李师中（1013～1078年）担任广南西路提点刑狱后，勤政干练，决心治理这一地区。招募民工修凿灵渠，废除了二十六个斗门，拓宽渠道，历时三个月，完成了这一工程，使灵渠可以顺利行船。保障了中国两大水系之间的运输畅通，取得很好的效果。

◎宁夏银川西夏王陵区的雕龙栏柱

宋辽金夏

◎福建莆田木兰陂御咸蓄淡灌溉工程。始建于1064年。

宋纸钱流行

据记载，唐玄宗以前，民间已经开始用纸钱来祭祀鬼神。唐玄宗时，开始正式用纸钱襀拔祭祀，宋代已经普遍在丧祭活动中使用纸钱。民间在每年寒食节扫墓时，不设香火，而是把纸钱挂在墓旁的树枝上。

由于纸钱的需求量增大，纸钱生产逐渐成为一项专门的行业。宋仁宗时，李宸妃的弟弟李用和早年和姐姐失散，流落在东京，穷困潦倒，以凿纸钱为业。南宋高宗时，廖刚就曾忧虑地指出，世俗中凿纸为缗钱，竟然成为一项职业，致"使南亩之民转而为纸工者十且四五"。可见当时纸钱流行之广。

纸钱的流行是与宋代薄葬的风气密切相关的。当时还流行用纸质的明器来代替陶制的明器和实用器物。

赵彦卫就说过，古代明器，今天用纸做成，称"冥器"，纸钱称"冥财"（《云麓漫钞》卷五）。宋代用陶瓷俑像代替活人和牲畜殉葬，这是人类的巨大进步；普遍使用纸钱和纸质器来代替实钱和陶瓷明器，同样是社会的又一次进步。

◎佛宫寺释迦塔。建于1056年，是中国现存唯一的楼阁式木塔。

欧阳修弹劾包拯

宋嘉祐四年（1059年）三月，包拯担任三司使（北宋最高财政长官，有"计相"之称）的决定传达后，翰林大学士欧阳修立即上书弹劾包拯。上书指出：官僚士大夫理应重义轻利，珍惜名节，轻视官位高低。而包拯却大肆攻击三司使张方平，迫张下台；宋祁刚接任，包拯又抨击宋祁的过失。宋祁被罢免后，包拯顺利地担任三司使职务，这使人怀疑包拯是个奸诈小人。而且包拯才疏学浅，虽有刚直不阿的美名，但于事无补，恐怕难当三司使之任。再加上包拯不孝父母，品德欠佳。任用包拯为三司使，祖宗任用谏官的目的就会毁于一旦。欧阳修希望朝廷重视这一问题。

宋以盐铁、度支、户部三部合为三司，统筹国家财政，位置十分重要。故欧阳修这样郑重其事。但宋仁宗并未采纳欧阳修的意见，包拯仍然走马上任。

包拯

包拯（999～1062年），字希仁，宋庐州合肥（今属安徽）人。包拯为人刚直不阿，为官清正廉洁，使一些为所欲为的皇亲国戚、达官贵人不得不有所收敛。

宋嘉祐（1056～1063年）初年，包拯被任命为权知开封府后（权知为宋太祖罢节度使后立的官名，即暂代某官职而非正官），下令大开开封府衙正门，使原告可以直到衙门里去诉说冤屈，使吏人不能从中插手，贪赃枉法，行贿受贿。当时京师有"关节不到，有阎罗包老"之语。有一次，京师遭特大洪水灾害，有人告状说是由于宦官、贵人等在惠民河上修筑楼台、房屋，使惠民河被堵塞，造成洪水淹没京城的局面。包拯下令拆毁这些达官贵人的所有建筑物。宋仁宗得知包拯所作所为后，迅速提拔他为开封知府，负责治理京城。

◎河南开封包公祠

◎包拯像

◎西夏壁画《水月观音》，是现存水月观音中的珍品。

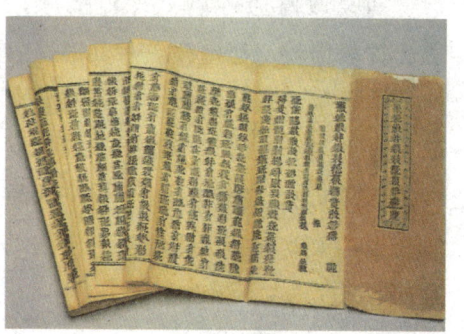
◎西夏文《大方广佛华严经》

西夏倡佛

佛教传入西夏后，历代皇帝采取许多措施以提倡、扶持佛教，使佛教在西夏兴盛繁荣。

西夏倡佛主要表现在以下几个方面：

第一，国家提倡与尊宠佛教，对有学识与威望的高僧授以各种封号，如帝师、国师、法师、禅师等，提高僧人在西夏国的地位。帝师、国师在佛教界地位极高，在朝廷官阶上也处上品位，与中书、枢密位相等。"国师"以下为法师、禅师，地位亦较高。

第二，建立完善的佛教管理机构和管理制度。进入崇宗、仁宗朝，西夏佛教事业进入大发展时期。西夏在中央政府中设立专门管理佛教事务的机构——功德司。其在国家机构中属于第二等级，仅次于掌管全国行政与军事首脑的中书、枢密。

第三，组织人力译佛经为西夏文。西夏时期境内流传佛经，主要有西夏文、藏文、汉文三种，西夏从宋朝赎取汉文《大藏经》，同时刻印汉文佛经，藏文经通过藏传佛教传入。

西夏文经主要译自汉文和藏文佛经。西夏文佛经包括经、律、论三藏。

第四，政府主持大兴土木，修造佛教寺庙。在都城兴庆附近，有戒坛寺、高台寺、承天寺、大度民寺；河西走廊地区的护国寺、圣容寺、崇圣寺；甘州的卧佛寺、崇庆寺等。

第五，设立专门培养番、汉佛学人才的场所。如番汉三学院的设立，就是佛学者学习佛学中的戒、定、慧的全部内容，以发展佛学事业。

西夏政府通过以上种种措施，大力提倡佛教，使佛教在西夏兴盛起来。数百年过去后，留给后世的宝贵财富有当时修建的一些寺庙，有最重要的西夏文佛经流传后世。这些佛经的传世，最能说明西夏倡佛、佛教兴盛的情况。

苏轼开拓宋词·"豪放派"词风出现

苏轼，北宋文学家，"唐宋八大家"之一。苏轼在词的发展史上是开一派先河的大家。他以舒展豪放、大气磅礴的作品，在北宋词坛上树起了标志着历史进程的丰碑。

苏轼首先在词的题材上开疆拓土，扩大了词反映社会生活的范围，提高了词的意境，使词成为一种独立发展的新诗体。广至大千世界，深至个人内心，举凡记游、怀古、说理、感旧、田园风光、贬居生涯，苏轼都一一纳入词中，使原先局促黯淡的词境豁然开朗，为宋人开辟了一块可在其上与唐人诗歌方面的成就争雄竞胜的天地。《念奴娇·赤壁怀古》

◎《东坡扇图》，明代周臣画。描绘求诗于东坡成为当时士大夫阶层的风雅。

◎苏轼《赤壁赋》局部

和《水调歌头·丙辰中秋……兼怀子由》这两首词集中体现了苏词的思想艺术成就。

苏轼作词不拘一格，挥洒自如。他一方面创造性地"以诗为词"，将写诗的豪迈气势和遒劲笔力贯注词中，吸收化用陶潜、李白、杜甫、韩愈等人的诗句入词；一方面尝试用散文的句法写词，在词中发议论，偶尔兼采史传、口语，给人以清雄之感。他重视音律，但为了充分表达意境，有时放笔直书，突破了音律上的束缚。这一切使得他的词结构变化多端，写景、抒情和议论融为一体，有巨大的艺术表现力。

苏词的豪情逸气，影响到后来南宋的张孝祥、辛弃疾，开创了词坛上的一个重要流派。

宋改革科举制度

熙宁四年（1071年）二月，中书制定了改革科举制度方案，并经宋神宗批准实行。其具体内容是：废除明经及诸科考试，将原来明经等科录取的名额合并到进士科去。下次科举考试即按此法执行，不许明经及诸科新生考试，必须使他们逐渐改为进士科。先在京东、陕西、河北、河东、京西五路增设教官，使举子逐渐适应进士科考试。参加进士科考试的举子废除原来的诗赋、帖经、墨义等科目，由举子任选《诗》、《书》、《周礼》、《礼记》中的一经为"本经"，并兼以《论语》、《孟子》为辅助教材，谓之"兼经"。进士考试共分四场：第一场考"本经"；第二场考

"兼经",另考大义十道;第三场考"论"一道;第四场考时务三道。

这次科举改革还规定:以前学习明经等科的举子可另外设场考试,放宽录取尺度,但从今以后不许举子学习明经等科目。举子通过礼部的考试后,殿试只考"策"一道,殿试文章至少在一千字以上。考中进士的举子分五等,第一、二等赐进士及第,第三等赐进士出身,第四等同进士出身,第五等为同学究出身。

熙宁四年(1071年)五月,又有所改革,实施新科明法制度。新科明法主要考试律令、刑统、大义、断案四项,是针对诸科考试合格、但未能考中进士的举子而设立。

◎宋官头像

◎宋代河南开封御街店铺门面和招牌

王安石变法

宋神宗即位后，于熙宁二年（1069年）任王安石为参知政事，开始变法。熙宁二年（1069年）二月，经神宗与王安石商讨，为实行变法而设立了一个专门机构——制置三司条例司，负责制定新的财政经济政策，变革旧法，颁行新制，以通天下之利。

熙宁二年（1069年）七月，制置三司条例司上书宋神宗，认为目前国家财政危机异常严重，而京师的需要和地方上贡情况互不通气，因而六路（江南、荆湖等六路）上贡的地区花大力气、高价钱运输到京师的财物，因京师不需要，往往以半价出售，造成富商大贾囤积居奇、操纵物价的严重情况。因此，制置三司条例司建议实行均输法。均输法的实行，在"便转输，省劳费，去重敛，宽农民"等方面，收到一定的成效。

熙宁二年（1069年）九月，王安石根据自己早年在鄞县（今浙江宁波）任官时实施的借贷粮食给老百姓，秋后计算利息以偿还的经验，并参照李参在陕西地区推行青苗钱的例子，改革常平仓制度，实施青苗法。青苗法的实行，在限制高利贷盘剥等方面，收到成效，朝廷也获得大量利息。

熙宁二年（1069年）十一月，宋颁布实施农田水利法，又称农田利害条约或农田水利约束。此法实行后到熙宁九年（1076），全国共兴修水利10793处，受益民田36万多顷，公田1915顷，收到了显著的成效。

◎王安石像

新法引争论王安石罢相

熙宁二年（1069年）变法遭到了司马光、韩琦等强烈反对。

熙宁四年（1071年）五月，东明县（今山东东明）数百名老百姓到开封府告状，指出地方官在推行免役法过程中无端抬高农民户等，很不合理。但开封府没有受理这一案件。愤怒的群众强行冲入王安石家中，王安石对

◎王安石"熙宁变法"失败退居的南京半山园

老百姓说宰相不知道此事,老百姓被迫又到御史台告状,御史台也未受理此案,这些老百姓不得不离开开封府。东明县民上诉事件引起一场对免役法的大论战。

熙宁五年(1072年)知谏院唐坰屡次上书指责王安石任用非人,变乱祖宗成制,罪该万死;还弹劾王安石任用曾布为心腹,凡附和变法的官僚都可平步青云。唐坰大肆攻击新法,认为保甲法让农民充当士兵,必然招致祸乱,免役法损害贫民下户而帮助富裕上户等。结果被贬为广州军资库。

熙宁七年(1074年)四月,光州司法参军郑侠上书宋神宗,要求罢黜王安石。端明殿学士、判西京留守司御史台司马光上书,对王安石执政以来的政治、经济等各方面进行了全面的抨击。由于皇室及群臣的极力反对,王安石多次上书宋神宗,要求解除宰相职务。后来,宋神宗不得已委派吕惠卿带着皇帝的诏令去见王安石,让他出任太师、太傅一类的闲职,仍然留在京城。但王安石坚决不答应,要求到外地任官,并推荐韩绛为宰相,吕惠卿辅佐韩绛,坚持实施新法。王安石罢相后,出任江宁府(今江苏南京)知府。

王安石

王安石，字介甫，号半山，江西临川（今江西抚州）人。庆历四年（1044年）进士第四名及第，历任签书淮南（扬州）节度判官厅公事、知鄞县（今浙江宁波）、舒州（今安徽潜山）通判，一度调开封任群牧司判官。熙宁初，王安石以翰林学士的身分同赵顼（神宗）议论治国之道，深为赵顼器重。熙宁二年（1069年），王安石出任参知政事。次年，又升任宰相，担负起改革的重任。

◎王安石像

王安石罢相后，退居金陵，醉心于佛教，恍然有所收获。王安石去世后，其政敌司马光给吕公著写了一封信，对王安石的一生进行了盖棺论定。司马光认为王安石的文章、诗赋和其个人品德不同凡响，很少有人能达到他的这种水平。但王安石"性不晓事"，他疏远忠臣，任用阿谀奉承之辈，败坏祖宗以来的法规，达到了难以收拾的程度。司马光的书信目的是为了让最高当局对王安石的逝世进行照顾，厚施恩惠，以达到对轻薄之徒起到振聋发聩之作用的目的。王安石去世后，朝廷下诏停止上朝两天，同时根据王安石的遗愿，特批王安石的子孙七人做官，并下令当地地方政府尽全力办理好他的丧事。

苏轼

苏轼，宋代文学家、书画家。字子瞻，号东坡居士，眉州眉山（今属四川）人，与其父苏洵、弟苏辙合称"三苏"，均在"唐宋八大家"之列。

苏轼的官场生涯颇为坎坷，神宗时，王安石变法，苏轼认为王的改革措施过于激进，由此被朝廷派到京外任地方官。王安石罢相后，旧党执政，他又不同意司马光废新法，引起旧党不满，再次受排挤。哲宗亲政后，新党又得势，苏轼再次成为新党的打击对象，被一贬再贬，由英州、惠州到儋州（今海南儋县）。

元符三年（1100年），宋徽宗即位，召苏轼北上，北上途中，苏轼染病身亡。作为一代文学大师，苏轼的文学成就是多方面的。主要表现在诗、词和散文方面，苏轼的诗作数量甚多，主要是抒发人生感慨和歌咏自然景物的诗篇。苏轼的词在北宋词坛上占有重要地位，他突破了晚唐词的软玉温香的樊篱，自成一派，开拓了新的词作道路。首先，他开拓了词的取材领域，"无意不可入，无意不可言"。其次，他将写诗的笔力引入词的创作中，并开始在词作中引入序言，开创了新的风格——"豪放派"。他的词除壮丽词外，也有一些反映男女情爱的风格婉约的佳作。

苏轼的文学创作在北宋文学史上占有重要地位。在他的影响下，黄庭坚、晁补之、秦观、张耒脱颖而出，成绩斐然，号称"苏门四学士"。

宋辽金夏

◎苏轼《枯木怪石图》

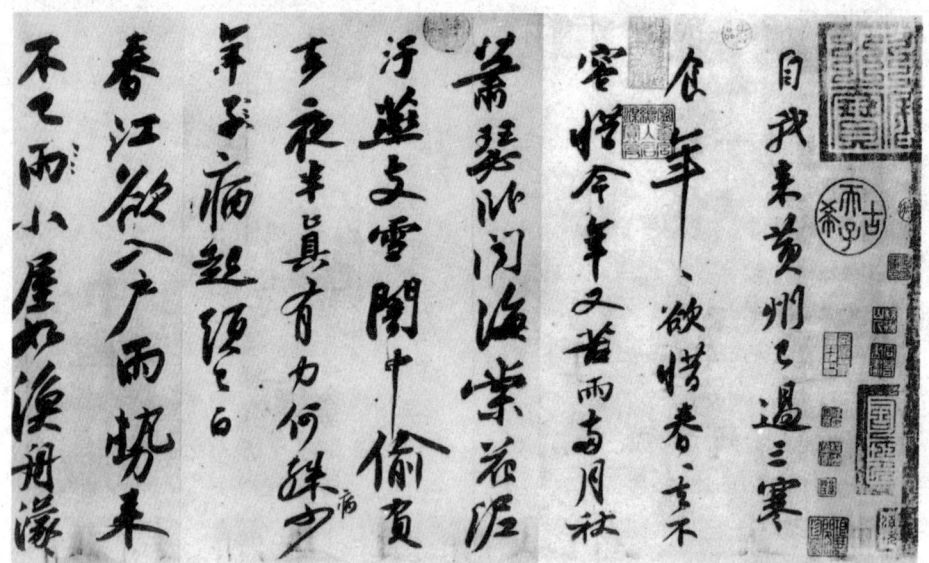

◎苏轼《黄州寒食诗》书法

宋实行方田均税法

熙宁五年（1072年）八月，宋朝廷颁布并实施方田均税法。其内容包括方田和均税两个部分。方田是对田亩的清查丈量，将东西南北千步见方的地段（约41顷66亩）作为丈量田地的单位，谓之一方，每年九月农闲之后，县令及其他官僚用方为单位清丈土地，并在方田的土地册上注明田地的形状及土地的色质，丈量完毕后，根据土质而定其肥瘠，区分为五等，由此均定税额高低，至第二年三月完成后通告老百姓，并以一季为期，允许当地农民提出对清丈土地和税额的意见。然后由县政令发给各户户帖，作为地符。土地清丈完毕后对田税进行重新摊派。至于丝帛、绸绢之类的征收，只按田亩多少而不按桑柘有无确定。同时，若地归于耕作之家，不必追究冒佃的原因。瘠卤不毛之地可以自由佃种。允许老百姓到山林中樵采，樵采所得不充作家业钱，农民经营山林川泽及陂塘、河堰之类不许收税，而投靠豪强的"诡名挟佃"的子户都必须更正过来。

方田均税法仅局限于华北平原、关中盆地等地区，并未推广到全国，后便因丈量技术条件落后而流产。到哲宗初，方田均税法被正式废除。

◎北宋卧虎瓷器，有家猫之憨态

宋辽划分边界

熙宁七年（1074年）春，辽道宗派遣特使萧禧出使宋朝，呈递了辽朝的国书，以宋朝曾入侵辽朝领土为借口，要求双方重新划定河东（今山西）、河北（今河北）的蔚（今河北蔚县）、应（今山西应县）、朔（今山西朔县）三州的地界。三月，宋朝派遣使者前往辽朝，说明宋朝有诚意解决边界纠纷。辽朝也派萧秦、梁颖到代州（今山西代县）边界与宋朝使者谈判。辽朝使者坚持要以蔚、应、朔三州分水岭为双方边界线，同时派兵入侵代州。

◎长安城图（残片）。我国现存时代较早又精准的一幅城市图。

十月，双方使者会于大黄平，争论不已。熙宁八年（1075年）三月，辽朝使者萧禧再度出使宋朝，要求尽快解决双方地界问题。宋神宗有意让步，解除了强硬派吕大忠的职务，改派韩缜、张诚一前往河东，与辽朝面议边界。曾公亮、文彦博、王安石、韩琦、富弼等元老大臣均反对割让领土。沈括也据理力争，坚持拒绝辽朝以分水岭为界的无理要求。经过前后六次谈判，辽朝政府放弃了黄嵬山，争得了西边的天池(今山西神池县境)，宋辽双方蔚、应、朔三州边界完全按照水流南北的分水岭为准，这样，宋朝长城以北的领土全部让给辽朝。

◎宋代攻城器械复原模型，由此可见宋代战争的残酷。

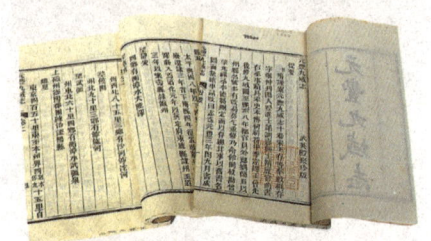

◎北宋官修地理总志《元丰九域志》。以熙宁、元丰年间的四京二十三路为标准，分路记载府、州、军、监、县的户口、乡镇、山泽、道里等内容。

曾巩论宋财政

元丰三年（1080年）十一月，直龙图阁曾巩（1019～1083年）上书论国家财政问题。他认为从古到今国家的财政开支是有计划的，都是节省开支，使国家财政收支达到平衡，如果无限制地支出，即使国家财政收入再大，也会出现财政危机。他认为，宋朝建立后，与民休养生息，注意财政收入平衡，因而虽然人口逐年增加，但国家财政一直绰绰有余。如全国财政收入在皇祐、治平年间都超过一亿万元以上，财政开支也在一亿万元以上，收支相当平衡。而皇祐、治平年间全国官员比景德年间增加一倍多，郊祀之费也比景德时增长一倍多，说明财政支出过多。因此，曾巩建议宋神宗节省那些不必要的开支，裁省冗官，使之达到景德年间的标准，这样国家财政危机就会得以缓解，更何况宋朝是历代以来财政收入最多的王朝，倘若开源节流，国家一定比前朝更为富庶。因而他建议宋神宗以节省国家财政支出为当务之急，同时他还认为节省开支是理财的最关键的环节。如果这样，国家财政自然会好转的。

宋辽金夏

◎曾巩像

宋神宗去世·变法失败

元祐元年（1086年）闰二月，宋朝廷以司马光为尚书左仆射兼门下侍郎，进行废除新法的工作。去年（1085年）三月，神宗逝世，遵照遗制，10岁的幼子赵煦（哲宗）继位，英宗的皇后高氏以太皇太后身份处理军国大事。因为新法触犯了皇亲国戚，高太后早就坚决反对变法。

宣仁太后垂帘听政后，立即起用王安石变法的反对者，任用司马光为宰相，文彦博、吕公著等人也相继上台，掌握了朝政，司马光等人任用刘

◎宋神宗赵顼像

挚、王岩叟等人为谏官，竭力诋毁攻击变法派。当时宋哲宗年龄尚幼，根本不理朝政，因而司马光等在宣仁太后的大力支持下，全部废除了王安石的新法，同时坚决打击变法派人物和奉行新法的各级官僚，如吕惠卿、章惇、蔡确、吕嘉问等人，这些变法派人物有的被贬，有的被判刑，有的被逐出政府机关，不一而足。吕大防、梁焘、刘安世等人还把支持变法的八九十名官僚划入王安石、吕惠卿、蔡确等人名下，认为他们结成死党。这就是历史上所谓的"元祐更化"。

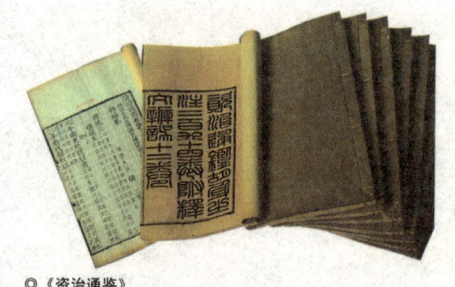

◎《资治通鉴》

司马光编著《资治通鉴》

元丰七年（1084年），司马光编纂完成《资治通鉴》，历时十九年。

司马光（1019~1086年），北宋大臣、史学家。宝元进士，仁宗末任天章阁待制兼侍讲、知谏院，立志编撰《通志》，以作为封建统治的借鉴。治平三年（1066年）四月，司马光编成编年史《通志》八卷，上进于朝廷，受到英宗的赏识，并下置书局于崇文院，继续编写。治平四年（1067年）十月，司马光向神宗进读《通志》，备受赞赏，赐名《资治通鉴》，并亲自写序。

《资治通鉴》是一部编年体通史。其内容以政治、军事和民族关系为主，兼及经济、文化和历史人物评价。《资治通鉴》通过详实的历史记载，向当时的统治者说明了历史经验对于政治统治的重要性，在这一点上，《资治通鉴》所提供的历史教训，是以往任何一部史书都不能相比的。另外，从历史观点上，《资治通鉴》认为国家的兴衰也在很大程度上

◎司马光像

取决统治者们的修养。提倡君主应克遵于礼、讲究仁义,在用人方面要量才而用、赏罚分明,还要能听取臣民的谏言,这一点对于后来历代的统治阶级都有一定的约束作用,直到今天也不失其意义。

沈括著《梦溪笔谈》

元丰五年(1082年)西夏攻永乐(今陕西省米脂县西)、绥德(今陕西省绥德县)二城,沈括奉命力保绥德,因永乐失守,连累坐贬。元祐三年(1088年)退居润州(今江苏省镇江市),筑梦溪园,在园中开始撰写《梦溪笔谈》。

沈括(1031~1095年),字存中,钱塘(今浙江省杭州市)人。北宋科学家、政治家。熙宁年间曾积极参与王安石变法运动。熙宁九年(1076年)任翰林学士,权三司使。

《梦溪笔谈》是一部百科全书式的光辉著作,无论在中国还是在世界上都享有很高的声誉。该书共二十六卷。又《补笔谈》三卷、《续笔谈》一卷。以笔记为体裁,分故事、辨证、乐律、象数、人事、官政、机智、艺文、书画、技艺、器用、神奇、异事、谬误、讥谑、杂志、药议十七目,凡六百零九条。其内容涉及物理、天文、数学、化学、生物、地质、地理、气象、医学、工程技术、文学、史事、音乐、美术等。其中涉及的自然科学部分总结了中国古代,尤其是北宋时期自然科学的成就,详细地记载了劳动人民在科学技术方面的贡献。沈括在书中首次指出了地磁场存在磁偏角;最早记载了一种简便的人工磁化法,即"以磁石磨针锋"造指南针;详细论述了指南针的四种装置方法;首创了分层堰法测量地形;最早提出"石油"这个科学的命名,沿用至今;提出了完全按节气来定一年的日历安排的方案等。

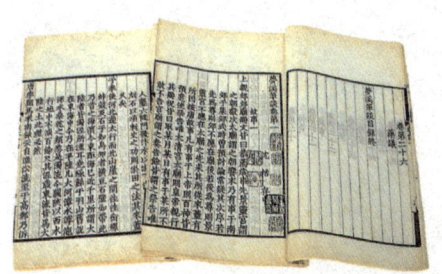

◎《梦溪笔谈》清刊本

◎沈括像

苏颂

苏颂(1020~1101年),中国宋代著名的天文学家,字子容,福建泉州南安人。他主持制作水运仪象台并撰写设计说明书《新仪象法要》,书中收录其绘制的中国历史上最重要的星图之一——全天星图,他还改造了天象仪的异相——假天仪,反映中国古代天文学高峰时期的杰出成就。

元祐元年(1086年)他奉命校验新旧浑仪,于元祐七年(1092年)集合一批工人制造出一座把浑仪、浑象和报时装置三组器件合在一起的高台建筑,整个仪器用水力推动运转,经变速和传动装置使三部分仪器联动,浑仪和浑象可自动跟踪天体,又能自动报时,后称水运仪象台。仪器共分三层,约高12米、宽7米,上狭下宽,底层是全台的动力机构和报时钟,中层密室内旋转

◎苏颂像

着浑象,上层是屋顶可启闭的放置铜浑仪的观察室。这是当时世界上最高水准的天文仪器,对世界天文学的发展起过举足轻重的推动作用。它是世界上最早出现的融测时、守时和报时为一体的综合性授时天文台,是保留有最早详细资料的天文钟,可能是欧洲中世纪天文钟的祖先,而水运仪象台上层的铜浑仪是典型的赤道装置,代替望远镜的是一根望铜,这一发明比英国威廉·擅塞尔和德国夫朗和费在望远镜上使用转仪钟早了八个世纪。它也是世界上首次采用活动天窗观测室的仪器,现代天文台观测室的天窗都活动启闭,既方便观测又便于保护仪器,水运仪象台上层放铜浑仪的小屋,其屋顶就可开合。它是世界文明史上无与伦比的一颗明珠。

◎水运仪象台复制品,西方学者把这座小型天文台看成是中世纪天文钟的祖先。

宋夏爆发平城之战

元丰五年（1082年）九月，宋夏爆发永乐城之战，宋军大败。

1081年，宋将种谔攻取西夏银（今陕西米脂西北）、夏（今内蒙古乌审旗南白城子）、宥（今陕西靖边西北的内蒙古境）三州，欲进而夺取整个横山地区，进逼西夏都城兴庆府（今宁夏银川），但所取之地未留兵防守。1082年赵顼（神宗）采纳徐禧建议，在银州东南二十五里险要之地构筑永乐城（今陕西米脂西）。经过一个月的准备工作，徐禧、李舜举、沈括等征发延州蕃、汉十余军，共计八万余人，分成三队，浩浩荡荡向永乐城进发。徐禧等人到达永乐城

◎北宋时的水浮法指南针。由于它不怕轻微晃动，在航海中得到广泛运用。

后，迅速修筑城池，西夏军队屡次前来阻挠宋军的筑城工作，均被击退。永乐城修筑完毕后，徐禧、沈括带领八千宋军返回了延州米脂城。筑城成功的消息传入京城，宋神宗十分高兴，赐永乐城名为银川寨。因为永乐城处于十分重要的战略位置上，因而西夏无论如何也要夺回永乐城。西夏集中三十万军队围攻永乐城，由大将叶悖麻负责指挥。等到西夏军队布阵

◎北宋时山西太原晋祠圣母殿

99

以后,徐禧才发动攻击。永乐城中缺水断粮,兵无斗志,西夏将士全力攻城,城终被攻破。徐禧、李舜举、李稷、高永能等战死,曲珍、李浦、吕整等将领突围逃跑。

罗盘西传

关于中国的航海罗盘,朱彧在《萍洲可谈》中首次明确提到,元符(1098~1100年)年间,出入于广州的中国海外贸易船使用指南针导航,可以在阴晦的日子里导航。

中国的这种先进的导航技术,迅速被阿拉伯、波斯的同行学习、传播。西欧民族出于在地中海和东方商业上竞争的需要,也很快地接受了航海罗盘技术,并对此有所改进。例如英国亚历山大·内卡姆在1195年完成的《论物质的本性》一书,第一次在

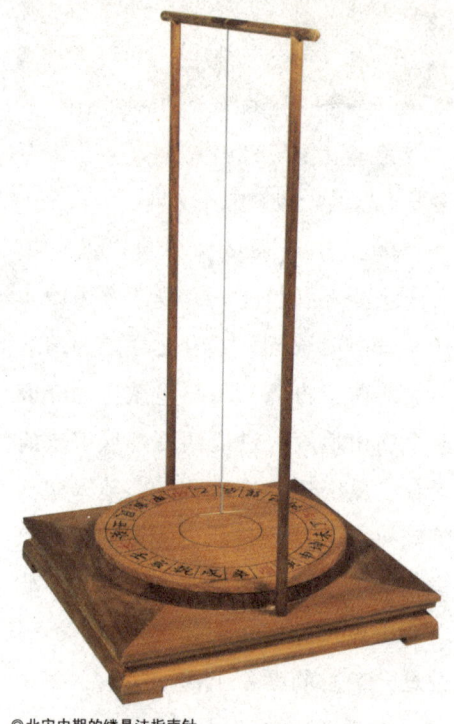

◎北宋中期的缕悬法指南针

欧洲论述了浮针导航技术,他提到的航海指南针,也是用于阴天或黑夜,以辨别方向的仪器;另一则有关航海罗盘的资料,是在阿拉伯语和波斯语中发现的。这两种语言中表示罗经方位(通常使用四八分向法)的Khann,就是闽南话中罗针所示方向的"针"字。十二三世纪,中国的帆船是南海和印度洋间海上贸易最活跃的参加者,阿拉伯人使用的罗盘,无疑是从中国传去的。

航海罗盘一出现,便具有了重大的经济价值,它能使船只不分昼夜阴晴,遵循一定的线路,如期到达目的地。中国发明的航海罗盘指引着欧洲

◎罗盘

的船只去环航全球,从而迎来了地理大发现的时代。

"三苏"成为古文运动中坚

苏轼的散文创作体现了北宋散文的最高成就;他的父亲苏洵和弟弟苏辙,也都以散文著称,世人合称"三苏",均在"唐宋八大家"之列。

苏轼的文学主张散见于他的部分散文、诗歌及他与后辈往来的书札中。他最突出的特点是重视"文",即文章表达思想内容的本身作用,而不像道学家那样仅仅把文章视为昭道或载道的工具。他认为写作"大略如行云流水,初无定质,但常行于所当行,常止于不可不止"。即摆脱形式上的束缚,从不同的内容出发,自由表达。

苏轼的父亲苏洵,二十七岁才发愤为学,经过十多年的闭门苦读,学业大进,入京后受到欧阳修的赏识,文名大盛,是一位晚学有成的文学家。苏洵有政治抱负,"颇喜言兵"。他的散文以议论见长,《权书》、《衡论》、《六国论》等篇纵谈古今形势及治国用兵之道,很有战国纵横家的色彩。

苏轼之弟苏辙,仁宗元祐二年(1057年)与苏轼同榜中进士。王安

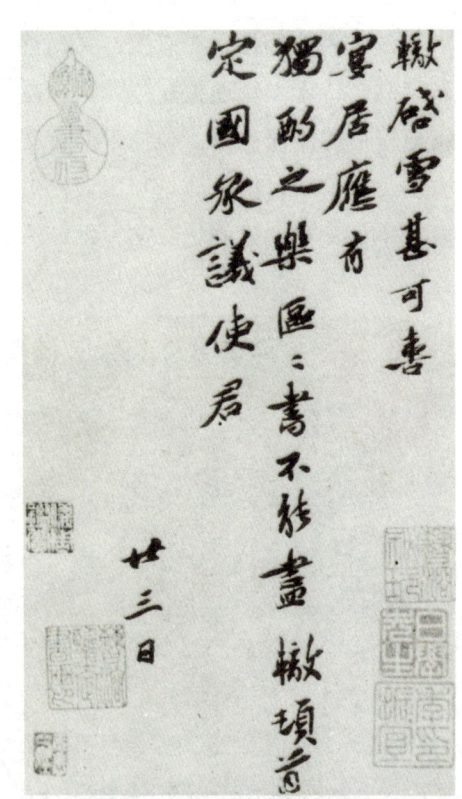

◎苏辙《致定国承议使君尺牍》书法作品

◎四川眉县三苏祠

石变法时,他亦持反对态度;又受苏轼"乌台诗案"牵连被贬;此后一贬再贬,最终隐居田园。他的学问诗文深受父兄影响,擅长政论和史论,但成就不如父兄。他的记叙文写得纡徐曲折,饶有情致,如《黄州快哉亭记》、《武昌九曲亭记》等。

"三苏"在散文上造诣不同,贡献各异,共同成为古文运动的中坚。

逸闻趣事 多种多样的宋人称谓

随着社会生活的发展,宋代官员和百姓的称谓发生了许多变化,出现了很多新的称谓,有的旧称谓也有了新的内涵。

在皇室的称谓上,官员和百姓都尊称皇帝为"官家",宫中称皇帝为"官里"或"大家"。官员又称皇帝为"上"。宫中称皇后为"圣人",称嫔妃为"娘子",称皇帝的女儿为"公主",皇帝的姐妹为"长公主",称驸马为"国婿"、"粉侯",等等。

在官员的称谓上,皇帝叫臣为"卿",官员们对上级或同级称"下官",百姓通称现任官员为"官人"。

在仆隶的称谓上,佣工在江西和江东地区被称为"客作儿"。官员称家仆为"院子",称家仆的主管为"内知",未婚的女婢被称为"妮"、"小妮子"、"小环"。吴楚地区主人称年轻的女使为"丫头"。

在亲属间的称谓上,父亲被尊称为"爹"或"爹爹",母亲被尊称为"妈"或"妈妈"。子孙称祖父为"翁"、"爷爷"、"祖公"、"太公";称祖母为"婆"、"娘娘"、"祖婆"、"太母"等。兄弟姐妹之间的称谓和现在差不多,通称"哥哥"、"姐姐",兄之妻也称为"嫂嫂"。

宋代妇女一般没有正名,常在姓氏前加上一个"阿"字,便算她的正式名字。妇女常自称"妾"、"奴"、"奴家"等。

◎《宋岁朝图》。描绘宋人正月初一的拜年活动。

◎《货郎图卷》，李嵩画。

误国大臣蔡京

徽宗建中靖国元年（1101年）十二月，蔡京复为龙图阁学士，主持定州之政，从此开始了他最为飞黄腾达的一段仕途。

蔡京（1047—1126年）性善投机和逢迎上司。他是熙宁三年（1070年）的进士，元祐初，司马光为相，尽废王安石新法，命令5天之内全国尽复差役法。当时大臣们都以时限太紧无法完成，只有蔡京如期在开封府所属各县改雇役为差役，因此深得司马光的赞赏。

◎钧窑造花式盆。北宋徽宗建中靖国至政和年间（1101～1117年）最为昌盛。

绍圣初，章惇为相，复改差役为雇役，蔡京又紧紧追随章，为其出谋划策，重立雇役法。至徽宗即位，章惇失势，蔡京也被黜居杭州。这时，徽宗宠信的宦官童贯奉命去苏杭搜访书画工艺品，在杭州流连累月，蔡京日夜陪伴童贯嬉游，深得童贯欢心。知道蔡京擅书画，童贯就将蔡京书画的屏幛、扇带等直接送入宫中，并向徽宗美言推荐蔡京。童贯又教蔡京买通道士与宫人，在徽宗面前大讲蔡京的好话，并谓非拜蔡京为相不可。于是，对元祐党人本已有所疑忌的徽宗，就开始有意重用蔡京了。

建中靖国元年（1101年），蔡京被正式起用。这时，右相曾布与左相韩忠彦意见不合，曾布有意利用蔡京打击韩忠彦，也大力举荐蔡京。

到崇宁元年（1102年）三月，蔡京被召入京，任翰林学士承旨，兼修国史。不到三个月，又被任为尚书左丞。一个月后，即当年七月，蔡京终于爬上了梦寐以求的宰相地位，任尚书右仆射兼中书侍郎。此后20多年间，他共4次入相，任宰相共达17年之久，把持朝柄，专掌大权，做尽擅权误国之事。

◎北宋瑞禽浮雕。类似孔雀开屏，装饰性很强。

《清明上河图》

北宋末年,画院待诏张择端作《清明上河图》,再现了12世纪中国城市生活的方方面面,反映了当时社会生活和物质文明的广阔性与多样性。

《清明上河图》是著名风俗画作品,绢本,长卷,淡设色,卷宽24.8厘米,长达528.7厘米。"清明"指农历清明节前后,一般认为该图是描写北宋京城汴梁及汴河两岸清明时节的风光。

作品采用了传统的手卷形式,从鸟瞰的角度,以不断推移视点的办法来摄取景物,段落节奏分明,结构严密紧凑。全卷共有人物五百余,牲畜五十余,船只、车轿各二十余,安排得有条不紊,繁而有秩。各种人物衣着不同,神态各异,劳逸苦乐,对比鲜明,按一定情节进行组合,富有一定的戏剧性矛盾冲突,使人读来饶有兴味。

至于笔墨技巧,无论人物、车船、树木、房屋,线条都遒劲老辣,兼工带写,设色清淡典雅,不同于一般的界画。《清明上河图》在艺术手法和处理上,具有高度的成就,在内容上,真实地反映了当时城市社会各生活面,具有重要的历史文献价值。

《清明上河图》以全景式的构图,严谨精细的笔法,展现了12纪中国都市各阶层人物的生活状况和社会风貌,是一幅写实主义的伟大作品,把社会风俗画推进到更高的阶段。

◎《清明上河图》中描绘汴河两岸清明时节的市井风光

◎《清明上河图》中描绘的市景街道

宋代报纸迅速发展

中国最早的报纸是唐代的"进奏院状报",也称"邸报",由各藩镇派驻京师的进奏官根据政府发布的"报状"抄传编发,是藩镇传报朝廷消息的一种地方性官报。宋初中央集权进一步强化,进奏院被改为直属中央政府的行政机构,朝政大事由其"誊报天下",发布的"进奏院状报"便上升为中央一级的官报,发行到地方后,各州进奏吏再据其内容要点编发"邸抄"或"邸报"。

宋代官报内容除了一般诏旨章奏,还报道许多关于宫廷生活、仕官升迁、镇压农民起义和少数民族的战报等国家政事的动态,通过阅读报纸得知朝廷大事,不仅成为各级官吏和士大夫茶余饭后的雅兴,也是他们侧身官场的一种政治需要。

宋代的官报审稿和发布制度较严格,官报样本传布各地前需经中央执掌军权的最高机关枢密院审来的官报"定本"向地方发布。后来又出现了脱离"定本"制度的"小报"。小报出现于北宋末,盛行于南宋,是宋朝内外矛盾交错的产物。小报的新闻性很强,但内容有真有假,因其消息有的来自政府机构的泄露,有的来自市井谈论,甚至有的纯属凭空编造。

◎宋代版画《大求陀罗曼陀罗图》

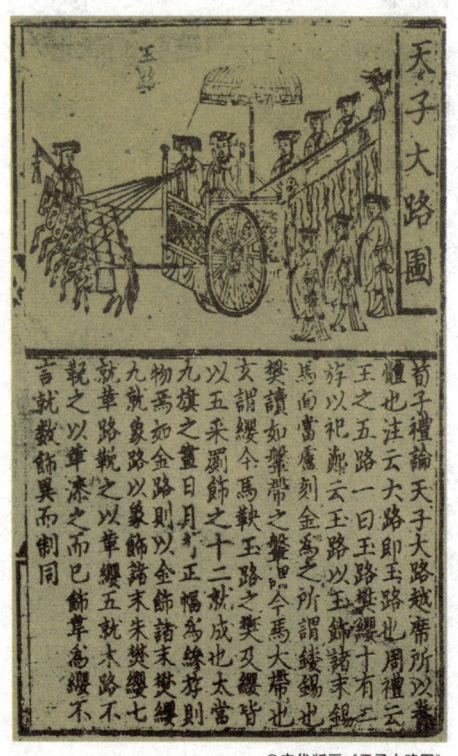
◎宋代版画《天子大路图》

"小报"这种半官方半民间的报纸具有强大的生命力,它动摇了官报的垄断,冲击了"定本制度",被统治者认为制造了混乱、鼓惑了人心而屡遭严厉查禁,但不仅没有在宋代绝迹,而且在明、清二代得到了发展。

宋置安济坊

宋徽宗崇宁元年(1102年)八月,置安济坊,养民之贫病者,并令诸州县皆置。次月,又在京师置居养

◎《秋庭戏婴图》,苏汉臣画。

院,以安置鳏、寡、孤、独,并诏令十六户外遇寒僵仆者、无衣丐者,允许就近送入居养院,给以钱米救济。对孤贫儿童,可令入小学读书。道路遗弃小儿,雇人乳养。

对无主的死者和贫不能葬者,宋政府也协助办其后事。仁宗时,在京师近郊佛寺买地,安葬无主死者;神宗时,对开封府界贫不能葬者,划出官荒田三至五顷,听人安葬;徽宗时重设漏泽园,作为因贫无以为葬或客死暴露者的坟场。

◎《东方朔盗桃》年画

后来，居养院、安济坊、漏泽园日益糜费无度，入不供出，于是，在宣和二年（1120年），徽宗下诏裁减其规模，并规定：凡符合条件入居养院者，每人每日给米或粟米一升，钱十文，十一月至正月间，每人加柴炭钱五文，小儿减半。又规定安济坊依此法发放钱粮，医药则照旧制。漏泽园只负责埋葬，而不再供给斋醮等事。

妇女裹头裹足开始流行

妇女裹头的习俗从唐代开始。当时妇女流行头戴皂罗，五尺见方，也叫做"幞头"，到宋代就称为"盖头"。据说当时妇女走上大街，常用方幅紫罗，以障蔽半身（《清波别志》）。宋代时，妇女出门戴盖头日渐增多，当时东京的妓女出门都将盖头背系在冠子上。元夕节观灯，妇女戴着"幂首巾"上街，甚至到曲巷酒店中饮酒，仍然要"以巾蒙首"。到了南宋时，农村少妇外出，也要戴上皂盖头。

裹足的风俗源自南唐后主李煜（937~978年）。他曾下令宫女妃嫔用帛缠足，使之纤小，向上弯曲成新月形状。此后逐渐流行到京城以外的城市。北宋后期时，徐积赋诗表彰蔡

◎辽代《采药图》，具有辽代民间画工的质朴风格。

氏寡妇艰苦持家："何暇里两足，但知勤四肢。"可见其时裹足现象已很多。南宋时，妇女裹足现象逐步增多。安葬在江西德安县的一周姓妇女，生前裹足，死后双脚犹裹有脚带，各长200厘米，宽10厘米，用浅黄色素罗制成。这是宋代妇女裹足的物证。

车若水目睹妇女从小缠足，遭受无谓的痛苦，最早撰文提出反对。他说：女子不到四五岁，就将双足"缠得小束"，"无罪无辜而使之受无限苦"，"不知何用？"（《脚气集》卷一）这种观点在当时女子缠足蔚然成风之时显得难能可贵。

李清照

李清照（1084~1155年），号易安居士，齐州（今山东济南）章丘人。李清照自幼就受到良好的文化教养，诗文的修养很深。宋徽宗建中靖国元年（1101年），十八岁的李清照与吏部侍郎赵挺之幼子、正在太学读书的赵明诚结为夫妻。

李清照工于诗文，更长于词。她不但在词作上风格独具、光彩夺目，而且是词坛最早的词评家。她熟悉音律，掌握了高超的艺术技巧，高视阔步，目无余子。在早年写的《词论》中，她批评了从柳永、苏轼到秦观、黄庭坚等许多作家，提出了"词别是一家"的观点。她认为词分五音、五声、六律，又分清浊轻重，要求协音律，有情致，成为宋代的重要词论。

李清照的创作因其在北宋和南宋时期生活的巨变而表现出前后期截然不同的特色。前期的词作大都描写她的闺中生活和内心情感以及自然风光。作为女性作家，李清照在词作里展示自己的内心情感，大胆地流露对美好爱情生活的向往和对大自然的热爱，有违于当时封建礼教对妇女设定的教条，是其前期词作思想价值之所在，也是"花间派"代言体的闺怨词所无法相比的。

◎李清照像

阿骨打建金反辽

辽天庆三年（1113年）十二月，女真联盟长乌雅束死，其弟阿骨打嗣位，称都勃极烈。

女真族长期生活在中国东北地区长白山、黑龙江一带。战国时期被称作"肃慎"，后来名称几经变化，在辽朝统治下，确定其名称为"女真"。

◎辽代的鎏金马具饰件（之一）

◎辽代的鎏金马具饰件（之二）

辽初，女真有七十二个部落，过着游牧打猎生活。后来，其中的完颜部强大起来，乌古乃为首领时，使诸部归附与完颜部。1113年，乌雅束死，其弟阿骨打继位，阿骨打承前代富庶之余，兵强马壮，在他的领导下，女真族的历史进入一个崭新的发展阶段。

辽天庆四年（1114年）九月完颜阿骨打（金太祖）起兵反辽。

耶律延禧（天祚帝）即位之后，契丹贵族对于女真的压榨愈来愈严重。并且经常对女真人加以侮辱，称为"打女真"。

十月，首先攻下辽朝东北边防重镇宁江州，又败辽兵于河店，所向无敌。

金收国元年（1115年）正月，在反辽战争的胜利进军中，完颜阿骨打（金太祖）建立金国。

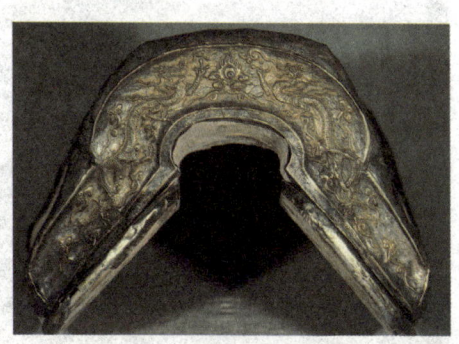

◎辽代的鎏金马具饰件（之三）

宋帝不营寿陵

宋于960年统一中原后，政治和军事上与辽、西夏、金先后对峙，国内经济与唐代相比大为衰退。这一时期的陵墓建筑受国家经济实力的限制，规模变小而装修精致，形成了宋陵特有的风格。

宋有定制，规定帝后生前不营寿陵。驾崩之后才派官员选择陵址吉日，在七个月内筑陵入葬。北宋共九帝，除末叶的徽宗、钦宗外，其余七帝的陵墓集中于河南省巩县南郊伊洛河与石子河之间的平原上，形成一个庞大的陵墓建筑群，称为"七帝八陵"。

"七帝八陵"坐北面南而置，面对嵩山，背临黄河，还有后陵和陪葬墓等形成一区。后陵附葬在帝陵的后部偏西处，形式与帝陵形式相似，规模为帝陵之半。诸陵的地域都颇广阔，地表的建制雷同。每一陵墓的总体布局均采取对称形式，在自南至北的中轴线上依次配置楼阁式的鹊台、乳台、南神门、献殿，直达下设地宫的灵台。灵台周边有神墙，墙四面各开神门，四隅设有角楼。陵前雕塑分列神道两侧，自南而北，有望柱、象、祥瑞禽兽、鞍马、虎、羊、各国

◎河南巩县宋陵神道

使臣、文武百官、狮子等，形象逼真，雕造精湛，构成宋陵雕饰的独特面貌。

宋封大理国王

政和六年（1116年），大理派遣使臣李紫琮、副使李伯祥至宋朝贡。宋徽宗诏令广州观察使黄苴、广东转运副使徐惕陪同赴京。大理使臣由广州北上，到鼎州（今湖南常德），参观了当地学校，瞻拜了孔子像，会见了学校学生。

政和七年（1117年）二月，到达京城开封，献上马380匹，以及麝香、牛黄、细毡、碧玕山等贡物。

宋徽宗在紫宸殿接见大理使臣，封大理国主段和誉后改名段正严为金紫光禄大夫、检校司空、云南节度使、上柱国、大理国王。

◎《宋大傩图》。表现一种击鼓舞蹈，戴面具的人们在除夕发出噪音，以达到驱鬼除瘟的效果。

◎云南大理三塔

◎《大理国梵像图》（部分）。南宋张胜温画，作于1240年。

◎金代彩绘陶罐

金攻陷辽五京

金天辅六年（1122年）十二月，完颜阿骨打率军攻陷辽五京。

金收国元年（1115年）正月，阿骨打称帝建国之后，连续向辽发动了一系列进攻，自116年至1122年间，先后攻陷辽的五京。

收国二年（1116年）正月，渤海人高永昌据辽东辽阳府自立，辽命宰相张琳募饥民两万余进讨。高永昌向金求援，阿骨打乘机派兵出击辽东。正月，先败张琳，然后擒杀高永昌，占据东京。

天辅二至三年（1118~1119年），金与辽议和不成，遂大举进攻。天辅四年（1120年）五月，金三路出兵奔袭上京临潢府，仅半日，攻入外城，留守达不野以城降，耶律延禧（天祚帝）仓皇逃往中京大定府（今内蒙古宁城西）。

天辅五年（1121年）正月，辽副都统耶律余睹降金。十二月，金以完颜果为内外诸军都统，大举攻辽。天辅六年（1122年）正月，攻陷中京。耶律延禧逃往西京大同府。

辽天祚帝逃往夹山后，金兵沿着其逃亡的路线继续追击。很快，金就攻下了西京。

西京一失，辽西路州县部落随即土崩瓦解，纷纷投降金朝，天祚帝一直逃到天德军（今内蒙古自治区乌梁海以北）与阴山之间。

天辅六年（1122年）四月，金应宋童贯的要求，兵分两路，由得腾口和居庸关南下攻辽南京析津府（今北京）。辽军不战自溃，金遂轻取南京。至此，辽五京均为金所有。

宋辽金夏

宋江方腊起义失败

宋江为首的农民起义军虽然人数不多,但他们横行河北、山东一带给宋王朝的统治以沉重打击。宣和三年（1121年）初,亳州知州侯蒙上书宋徽宗,认为宋江能如此横行天下,官军奈何不得,其才能有过人之处,不如把他们招降。徽宗随即任命侯蒙知东平府（今山东东平）,负责招降宋江起义军。但侯蒙未来得及赴任就病卒。而宋江起义军却移军南下转战于黄维之间,宣和三年（1121年）二月,起义军到达海州（今江苏连云港市）遭到知州张叔夜所设的伏兵攻击,损失很大,宋江及一部分起义军投降了张叔夜,起义失败。

同年,方腊起义也失败。

◎金代铜虎符

◎根据《水浒》故事画的版画《三打祝家庄》

◎宋军中下属军官佩带的铜牌，用来表明身份。

由于北上两路起义军的失利，失去了阻止官军南下的力量，而杭州的失守又失去了阻止官军南进的屏障。宣和三年（1121年）三月，宋王朝又增派刘光世、张思正、姚平仲等数路兵马南下镇压起义军。四月，在半个月的时间里官兵不但相继攻陷了婺州、衢州，而且使起义军主力遭到严重损失，陷于十分被动的境地。四月十九日，在粮尽弹绝的情况下，起义军不得不放弃青溪县城，退回帮源峒山区。官军分西、东两路围追合拢，四月二十四日，两路官军相约同时向起义军发动进攻。二十多万起义军在腹背受敌的情况下与官军激战三天，除了一部分突围出去外，其余大部分壮烈牺牲。方腊、八大王等起义军首领被当时还是小军校的韩世忠俘获。方腊被俘后被解往杭州，后又被押解至开封，八月二十四日被害。

宋代重商思想抬头

秦汉以来，抑商思想一直占统治地位。商人的社会地位很低，商业不仅得不到统治者鼓励，反而受种种政策法令的抑制。

随着生产力的发展，经济愈趋繁荣，宋代商人的经济实力大大增强，商业发展十分迅速。国家通过禁榷和商税的收入在财政总收入中占有举足轻重的高比例，在此情况下，长期以来形成的抑商思想受到冲击，并开始动摇，出现了反抑商的思想倾向。

但是在当时的历史条件下，宋朝廷财政收入极大地依赖于禁榷收入，取消禁榷制只是不切实际的幻想。有些士大夫如其重要代表欧阳修，便提出一种官商分利理论，试图对禁榷制度本身进行改良和完善。

随着商业的发展，作为国家财政支柱的禁榷收入愈来愈依赖于商人的合作。作为一个有较大贡献的社会阶层，官方对他们的态度有所改变。朝廷颁布了一系列的法令以保护商人合法经营与获利，并允许商人子弟品行才能出众者参加科举考试，这是前所未有的。

社会舆论也常常趋向于反对侵损商人合法利益。在这种背景下,有些思想家明确地提出了反抑商的思想主张。如北宋末、南宋初的文人郑至道认为士、农、工、商"皆百姓之本业"。

宋代经济思想史上这种重商思想的产生,是生产力发展的必然结果,同时又对生产力的发展及社会的全面进步起着很大的推动作用。

◎南宋善财童子像。善财童子居观音菩萨左侧,与右侧有龙女相对,这种做法为中国特有。

宋剪刀定型

中国古代的铁制剪刀形态比较简单,只是在一根铁条的两端锻成刀状,再将中段弯成"八"字形,利用铁的弹性,使剪刀一张合。这种剪刀中间没有轴眼,也不用装配支轴。直到北宋初,剪刀的形态基本没有改变。

北宋以来,剪刀的形态有了较大的改观。刀刃和把柄之间设有轴眼,装上支轴,使用时利用杠杆作用既省力又能提高功效。这在剪刀的发展史上不啻于一场革命。在河南洛阳宋神宗时期的墓葬中,曾出现过这种较为先进的剪刀式样,可以作为物证。张择端的《清明上河图》上所绘虹桥上摆有地摊,商贩出售的商品中既有"八"字形剪刀,又有支轴型剪刀,但把柄较长。这种剪刀式样一直沿用至今。

◎宋代舂米砖俑,劳作气氛浓烈,生活气息浓厚。

宋辽金夏

金筑金长城抵御外敌

为防御自12世纪下半叶起日益强大的北面蒙古骑兵南下威胁，金自天会年间（1123～1137年）开始修建东起嫩江，西到河套西曲之北的长达万里的规模宏大的国防工程——金长城。

金长城前后修建50余年，有北、中、南3条主干线，由壕堑和墙体、马面戍堡与边堡组成。金王朝设西南、西北、临潢和东北诸路招讨司统辖大量兵马守御金长城。

金长城整个工程纵深达45～50米，错落有致，并改变了以往墙体顶部窄小、守军不能登城的情形，使守军可以进行横向机动。此外戍堡和边堡的建筑配套设施，对进一步提高防御能力，传递军情，互相联系以及应付紧急情况就近增援都极为有利。

金长城无论从建筑设计和防御配套设施上都有大胆的改革和创新，

◎金代捧壶侍俑

对防御蒙古骑兵的冲击还是相当有效的，但随着金王朝自身力量的日渐衰弱，蒙古兵马力量日益壮大，到宣宗时蒙古铁骑已并非金建长城所能抵御，金长城才逐渐废弃不用。

佛教入金

金在1125年灭辽南进中原后，佛教方始大规模传入。金代帝王对佛教采取了有节制的扶持政策，使金代佛教保持了相当隆盛的局面。

金代统治者皆崇奉佛教，他们不仅在内庭供奉佛像，还在各地兴建寺院，布施币帛良田；皇族有病，皇帝

◎金代玩具骑马人，反映金代人在马上的生活习惯。

◎金代善化寺的帝释天塑像

◎金代铁佛，形体高大，表情端庄，衣饰纹理自然。

亲临寺院求佛乞愿；有时还召高僧入内庭说法，王室贵族争相捐施珍品。世宗在位时（1161~1189年）是金代盛世，社会安定繁荣，佛教事业也趋于极盛。

金代统治者吸收了辽代佛教过度发展的教训，也接受宋统治者儒佛并重的影响，并不一味佞佛，而是采取利用与限制相结合的政策，对佛教管理比较严格，防止泛滥。

金代帝王崇奉佛教更多的是持一种"敬而远之"的态度，他们进一步完备取缔宗教教团的法制，严禁民间私建寺院，严禁私度尼僧，严格规定

宋辽金夏

由国家定期定额地试经度僧,并限制各级僧人蓄徒的名额。佛教在这种限制下,僧人的数量增加不多,但质量却有所提高。尤其试经制度,促使僧尼主动学习和研究佛经,提高了他们的素养,同时也刺激了佛经的出版,著名的《赵城金藏》,即成于此时。

金代沿袭唐宋的僧官制度,通过考试选拔僧才,建立各级僧官管理组织。金代还恢复国师制度,国主以师礼礼敬僧人,开元代"帝师"制先河。

皮影戏形成

皮影戏属于傀儡戏的一种,是中国古老剧种。皮影戏演出用的"影人"是用驴皮或用牛皮、羊皮经过硝制刮平,根据剧中的角色和衬景的设计进行雕簇、敷色、熨平、装订,在艺人掌握操纵下,靠灯光透射,将影人映现到屏幕上(俗称亮子),随着乐器伴奏和唱腔配合,便成为"一口叙还千古事,只手对舞百万兵",意趣盎然,生动形象。

真正的皮影戏是北宋时期才开始出现并兴盛起来的,据宋代孟元老《东京梦华录》记载:当时北宋京城汴梁城内市民娱乐场所"瓦肆"很多,演出的"百戏"种类也"不可胜

◎宋代的男戏俑

数",观众"不以风雨寒暑,诸棚看人,日日如是"。可见其繁华的景象,"瓦肆"中专有影戏的演出,著名影戏艺人有董十五、赵七、曹保义等。

皮影戏之所以在宋代兴起,与宋代的历史条件分不开,当时的宋京汴梁城政治稳定,商业十分发达,城内

的"瓦舍"有五十余处之多，因此市民说唱文学也随着商业经济的发展而兴盛起来。许多民间优秀文学作品，多以歌曲说书、鼓词、弹词、戏曲等艺术形式出现，而皮影戏便是从说书讲史演变成形声并茂的特殊剧种。

皮影戏在宋代形成后，金、元变替并未因此而断绝，明武宗正德三年（1508年），北京举行百戏大会演，皮影戏也在其中。

金军进攻宋京·李纲坚守开封

靖康元年（1126年）正月初三，金军渡过黄河的消息传到开封，宋徽宗来不及等到天明，当天半夜就只带着蔡攸、宇文粹中和几个内侍仓皇出通津门东逃。一直逃到长江南岸的京口（今江苏镇江）。宋徽宗仓皇出逃，宋钦宗的新朝廷人心慌乱，主战、主逃议论不一。

钦宗当即任命李纲为尚书右丞兼东京留守，想让李纲为他守东京，而自己逃亡陕西避敌。李纲流着泪拼死请求，钦宗才答应不去陕西，留在东京。这样，京城人心逐渐安定下来。第二天，任命李纲为亲征行营使，当即组织军民全力奋战。初八日，防守准备工作还在紧张进行时，金兵就到了开封城下，并在郭药师的引导下，占领了开封西北牟驼岗的天驷监。当晚，金兵即以火船数十艘顺汴河而下，进攻西水门。李纲亲自临阵，以二千名敢死队员布列城下，用长钩钩敌船，投石击船。初九，金军进攻酸枣门、封求门。李纲又率领一千多名精于射术的警卫赶往酸枣门指挥战斗。

与此同时，宋钦宗却忙于说和，以割地赔款留人质的条件求金人退

◎山西沁源金墓壁画中的骑马人物

◎金人骑兵及马具装

兵。在李纲的指挥下，开封守军打退了金军的进攻，保卫了开封城，但金军并未退兵，开封城依然处于金军包围中，形势仍十分危急。靖康元年（1126年）正月中旬，康王赵构与宰相张邦昌根据金军要求去金营做人质的时候，宋各地勤王援兵逐渐来到京城，兵力总数达到二十多万，宋军在兵力总数和声势上均压倒金军，金军只好北撤退守牟驼岗，开封城也暂时得到解围。

◎金代天王像—派金代武士装束

两宋民间武术组织兴盛

由于宋朝复杂动荡的局势，各地呈现出多种习武形态。为了防御外族入侵和反抗压迫，各种民间武术组织兴盛起来。

两宋时期，农民为反抗压迫还自相结社。这些武术组织大多在本地行侠仗义，对各地区民间武术的发展有积极的作用。上述的这些民间武术组织都以军事武术练习为主，就连熙宁三年（1070年）开始推行的保甲法对保甲兵进行的训练也不例外，且内容不断变化，形成了独特的风格和特点，对民间武术组织的习武活动起了积极的推动作用，也为宋以后民间武术的发展奠定了基础。

南宋时期，都城临安出现了很多民间武艺结社组织，如争跤的"角抵社"、"相扑社"，射弩的"锦标社"、"射弓踏弩社"，使棒的"英略社"等。这些武术组织经常举行各种武术表演，有固定的游艺场所瓦子勾栏。这些表演在当时逐渐成了市民所喜爱的文化活动之一。这种活动方式也逐渐固定下来，并成为武艺人谋生的行道。

从这个发展的过程中，我们可以看出，武术已从以前的军事活动融入了大众文化生活的内容之中，人们的

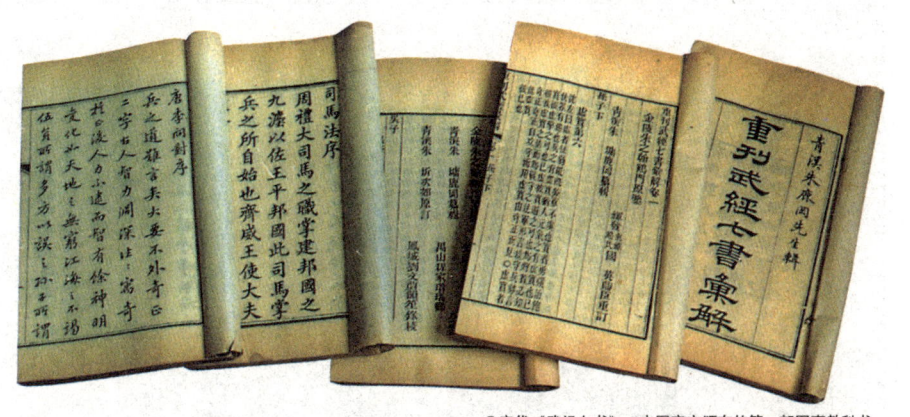

◎宋代《武经七书》。中国官方颁布的第一部军事教科书。

武术观念发生了较大的变化。习武活动不仅是市民生活的组成部分,而且成了民间节日、演艺集会、游艺场所不可缺少的体育项目,参加这项活动的人及武术组织也越来越多。

三镇军民反割地

宋钦宗以纳币和割让太原(今山西太原)、中山(今河北定县)、河间(今河北河间)三镇为代价,向东路金军头目宗望乞和,使东路金军退兵。靖康元年(1126年)二月下旬,宋又遣使把这一情况报告了仍在继续南下的西路金军统帅宗翰,宗翰也随即退兵回太原等待宋向他交割。

但是,当宋钦宗割地的诏书送到太原城时,太原军民不肯出迎,全城兵民团结一致,固守以待,不肯交割。太原城自宣和七年(1125年)、金天会三年(1125年)十二月就被南侵西路金军包围,太原军民在副都总管王禀等领导指挥下,打退了金军一次又一次进攻,把西路金军牵制在太原城下,减少了对都城开封的压力。金军在太原城外箭和炮石发射不到的地方,沿城筑起堡垒,断绝内外交通,还多次打退了宋朝派来的援兵,使太原城成了一座孤城。八月,金军仍分西、东两路第二次南侵,西路金军对已围困八个月之久的太原发起更大规模进攻。城内粮食断绝,士兵们先吃牛、马、骡等牲口,最后甚至吃弓箭的筋、甲。百姓则以树皮、野草充饥,大多数军民战死、饿死。剩下的已饿得走不动路,拿不起武器,在这种情况下金军才于1126年九月初三攻破城池。但王禀等将领仍率领军民进行巷战,最后,大多壮烈牺牲。

◎《武经总要》中的走舸。走舸是轻便高速的战船,来去如飞,用作突击。

王禀受伤数十处,宁死不屈,投水自尽。宗翰无法,只好留下银术继续围攻太原,自己回大同(今山西)。三月,以宗望为首的东路金军到达中山、河间府时,两镇军民也以死固守,坚决不让金军进城。金军所带人质肃王赵枢、宰相张邦昌及宋廷派去的割地专使等到城下劝说两镇兵民投降时,两镇兵民就向他们射箭、投掷石块,痛骂张邦昌等人投降卖国,沿途各州军的军民也都坚决反对割地给金。宗望亦只得退回燕京(今北京)。

金攻陷开封·掠走二宗

靖康元年(1126年),太原、真定相继失守后,十一月中旬,东西路两路金军分别渡过黄河。闰十一月二十五日,郭京打开宣化门率其徒逃跑,金兵乘机登上开封城城墙,攻占了开封外城。但是开封军民并不向金军投降,仍继续战斗。他们杀死了前来议和的金使,有三十万人请求发给他们武器与金军作战。金军将领下令纵火焚城,百姓蜂拥而来,以至金兵在城上不敢下来。最后,金军故伎重施,再次提出议和,宋钦宗和大臣们又一次信以为真,命令军民停止抵抗,向金投降乞和。十二月初二日,钦宗奉上降表,正式向金投降。

金军攻占开封城后,要求太上皇宋徽宗去金营商议投降条件。宋钦宗被迫代徽宗去金营,答应了金提出的全部条件后被放回。靖康二年(1127年)一月,金又因为向宋索取的金银未能及时交纳要钦宗再去金营。钦宗一至金营,即被扣留,住处有全副武装的金兵守卫,甚至围以铁绳,有时一日三餐也不能按时供给。夜里,金兵燃起火炬,呼声不绝,北宋君臣相顾失色,钦宗唯有流泪而已。第二天,金军又逼迫宋徽宗及太后至金营,并下令凡宋各皇子、皇孙、后宫妃子、帝姬等全部去金营。靖康二年,金人扶植的张邦昌傀儡政权正式成立后,四月一日,金带着宋徽宗、钦宗和皇子、皇孙、后妃、帝姬及大臣三千余人以及大量掠夺而来的金银财宝回归金朝。

于是,北宋覆灭。这一年的年号为靖康,所以又称靖康之耻、靖康之变。

◎金代黑釉剔花小口瓶

◎金代青釉印花三足灯

宋高宗即位改元 建炎·南宋开始

靖康元年(1126年)十一月初,宋钦宗派康王赵构和王云为割地请和使赴金营,以同意割让三镇为条件向金乞和。十一月中旬,赵构、王云到达磁州(今河北磁县)。磁州知州宗泽告诉赵构,东路金军已从魏县(今河南魏县东北)渡过黄河,向开封进发。宗泽认为金军不守信义,此去凶多吉少,劝康王不要去金营,而应起兵进援都城。赵构只好留在磁州。

◎南宋武士像

随即又往东平府（今山东），继而再逃向济州（今山东巨野）。十二月初二，钦宗向金人奉上降表。次年二、三月，金废宋徽、钦二帝为庶人，册立张邦昌为楚帝，然后撤兵北归。金兵一退，开封军民和朝廷旧臣即不再拥戴张邦昌，同时各路"勤王"兵马纷至沓来，声讨张邦昌。张邦昌只得迎宋元祐皇后入宫、垂帘听政，并迎奉康王赵构。四月，元祐皇后手书至济州，劝康王即帝位。五月初一，赵构于应天府（今河南商丘）登基，改元建炎，重建了宋王朝，史称"南宋"。

秦桧南归

秦桧，江宁（今江苏南京）人，政和中进士。靖康末任御史中丞。汴京（今河南开封）陷落时留城中，上书金帅请存赵氏，反对立张邦昌。被俘至金后，为挞懒所信用，挞懒南下侵宋，以秦桧参谋军事，又任为随军转运使。建炎四年（1130年）、金天会八年（1130年）十月，挞懒攻陷楚州（今江苏淮安），秦桧与妻王氏等自军中趋涟水军（今江苏）。十一月初，航海至行在越州（今浙江绍兴）。自称杀金人监己者，夺舟来归。当时朝中百官多怀疑被俘至金者

十一月底，金兵包围了开封城，京城危在旦夕。钦宗派人持蜡书到相州，任命赵构为兵马大元帅，陈遘为元帅，宗泽、汪伯彦为副元帅。十二月初一日，赵构在相州开元帅府，聚兵万人，分五路救援开封。自己却率领大队兵马逃至大名府后（今河北）

◎秦桧夫妇铁像

众多，何独秦桧得以生还？但宰相范宗尹，同知枢密院李回与秦桧素来友善，乃尽破群疑，力荐其忠。高宗乃命先见宰执，接着又亲自召见。秦桧便提出了天下"南自南，北自北"的议和主张，并呈上向挞懒求和书。宋高宗以为得一"佳士"，迅即用为试礼部尚书。次年二月，升为参知政事。八月，拜相。宋高宗自即位以来屡次遣使于金求和，且守且和。专意与金解仇息兵，一意求和，实始于秦桧南归以后。

岳飞开始北伐

宋绍兴四年（1134年）春，岳飞上书宋廷请求北伐伪齐，收复襄汉。宋廷经过反复讨论，决定由岳飞率军出师北伐。五月，岳家军自鄂州（今湖北武汉）渡江北伐。首先攻克郢州（今湖北钟祥），杀敌七万，尸横遍地。接着兵分两路，命部将张宪进攻随州，岳飞自己则率主力直取襄阳府（今湖北襄樊）。伪齐将领李成闻讯，急忙弃城北逃，岳飞军兵不血刃收复该城。六月，张宪又攻克随州，伪齐政权急忙集结三十万重兵在李成的带领下进行反扑，又被岳家军击溃。七月，金朝为阻挡岳家军继续北上，派援军

◎杭州岳飞墓墓阙，对面照壁有"精忠报国"四字。

与李成合兵数万，在邓州西北方向排列三十余营寨，企图与宋军决战。岳飞命部将王贵、张宪各率军一部，从东西两个方面进军邓州，同金、伪齐联军展开激战。随即命王万、董先两军出奇兵突袭，一举击败金、伪齐联军，岳飞乘胜攻拔邓州，然后岳飞又分兵相继收复唐州（今河南唐河）及信阳。通过这次战役，南宋头一次收复了襄汉大片失地，是宋立国以来局部反攻的一次大胜利。至此，襄阳六郡全部光复。八月，岳飞晋升为靖远军节度使，成为与韩世忠、刘光世、张俊并列的南宋初年四大主将。

宋金开始议和

宋高宗即位以来，一意求和，曾数次派人到金国，六七年不曾间断，而金国至宋绍兴三年（1133年）才第一次派人南来，宋派专人隆重迎接。这是宋金双方第一次较正规的谈判接触，金人开始放弃消灭南宋的战略，宋金对峙的态势趋于形成。此后，宋金就议和一事曾多次进行接触。宋绍兴四年（1134年）九月，宋廷任魏良臣、王绘为通问正、副使，赴金谈判。高宗叮嘱不要与金人在岁币、岁贡数量上斤斤计较。绍兴五年（1135

宋辽金夏

◎金上京遗址出土的瓦边

年)五月,宋高宗不顾中书舍人胡寅的反对,派修武郎何藓备厚礼欲与金修好。

到绍兴七年(1137年)正月宋使何藓自金返回,并带回消息:徽宗及宁德皇后相继逝世。于是高宗派王伦、高公绘为奉迎梓宫正副使出使金国,并附带进皇太后及钦宗黄金各两百两、赐宇文虚中黄金五十两。绍兴八年(1138年)十二月,金使张通古至杭州。尽管宋朝军民群情激愤,但高宗、秦桧已决心投降,秦桧以宰相身份跪拜接受金朝的诏书,承认了金宋之间的君臣关系。绍兴九年(1139年)正月,南宋正式宣布和议成立,和约规定:金以河南之地予宋,宋向金岁贡银绢共五十万匹两。当时驻兵在外的主战派张浚、岳飞等曾多次上疏,表示反对和议,但终究无济于事。

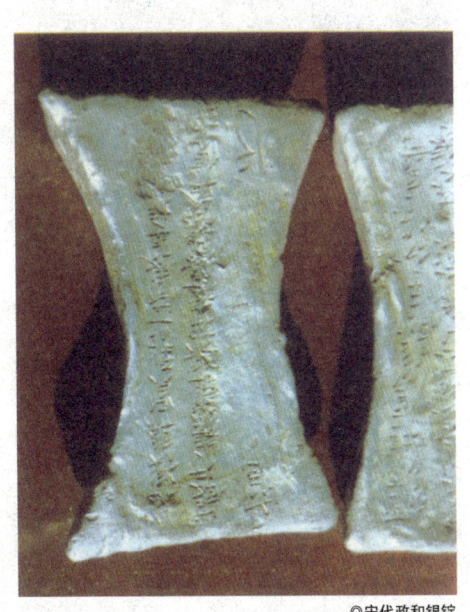

◎宋代政和银锭

高宗下诏·岳飞被迫班师

宋绍兴十年（1140年）六月，岳飞派遣部将王贵、牛皋、杨再兴、李宝等分途经略西京（今河南洛阳）诸郡，又遣梁兴渡河联合忠义社进取河东、北诸州县，而且派兵东援刘锜，西援郭浩，岳飞自己率部直至中原。

不久，李宝、牛皋陆续在京西一带击败金兵。闰六月，岳飞部将张宪、傅选与金将韩常激战于颖昌府（今河南许昌），大败金兵，并收复颖昌。

绍兴十年1140年顺昌之战后，金军退守河南。七月，宗弼见岳家军兵力分散，又探知岳飞只有少量军队驻扎在郾城（今属河南），于是率领龙虎大王、盖天大王和韩常等军共一万五千人直趋郾城。

岳飞吸取了顺昌之战的经验，派背嵬亲军和游奕军马迎战，并派步兵持麻扎刀、大斧等，上砍敌兵，下砍马足，杀伤了大量金兵，使其重骑兵无法发挥所长。不久，金兵再犯郾城，岳飞在城北五里店再次击败金兵。郾城之战后，宗弼集兵十二万驻屯于临颍（今属河南）。张宪率岳家军再战，逐金兵出临颍县界。同日，岳家军又大破进犯颖昌的金军主力。

正当宋军北上节节胜利之际，秦桧却想乘此良机和金议和，于是授意张俊、王德等从宿、亳地区班师南归

◎宋代壁画《华色比丘尼品（刑场）》，反映了宋代刑场的实况。

庐州，同时高宗下诏岳飞措置班师。这时岳家军已处于孤军深入无援的境地，如果不奉诏班师，不但有违抗朝廷君命之罪，而且有陷入金军重围的危险。在这危急关头，岳飞经过慎重考虑，终于最后决定忍痛班师回朝。

宋军收复中原的良机，就这样被宋高宗和秦桧葬送掉了。

名将岳飞

岳飞（1103~1142年），字鹏举，相州汤阴（今属河南）人。南宋名将、作家。幼时因家贫，其母亲自授学。20岁时应募从军，抗金救国。南宋初已是著名的抗金英雄。他勇敢善战，屡建奇功，历任武安军承宣使，荆南、鄂岳州制置使，检校少保。后入朝封公，拜太尉，授少保，任枢密副使。38岁收复西京，挺进朱仙镇（今开封市西南）。中原义军纷纷响应，收复了大片失地。在此大好形势下，高宗却一日连下12道金牌召回岳飞。39岁被诬入狱，41岁被主和派权臣秦桧一伙杀害。孝宗时追谥武穆，后改谥忠武。宁宗时追封鄂王。

岳飞兼具"将才"、"文才"。《满江红》是他在戎马征战生涯中写下的许多充满爱国激情的作品中最具代表性的词作，表现了作者对入侵敌寇的无比痛恨和报仇雪耻的迫切心情以及收复中原失地的坚定意志。《满江红》一词在当时和后代反抗侵略的斗争中起了积极作用，成为千古名篇。

此外，岳飞著作有《岳忠武王文集》10卷，有乾隆刊本。

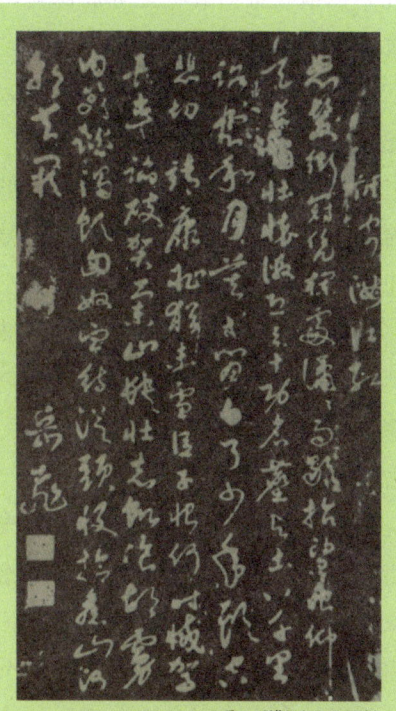
◎岳飞《满江红》词石刻

◎杭州岳王庙岳飞像

韩世忠大破金兵

宋绍兴四年（1134年）十月，韩世忠大军到扬州，韩世忠令部将统制解元率部镇守承州（今江苏高邮），防御来犯的金国军队。

同年十二月，金军因粮尽及金太宗生病而退兵。淮甸一派残敝景象，朝廷上下均视之为畏途，唯有韩世忠愿意领兵前往。于是次年三月，韩世忠偕夫人梁红玉，率大军自镇江出发，全师过江，进驻楚州（今江苏淮安）。夫妇二人身先士卒，披荆棘，立军府；抚集流散之民，通商惠工；打击金兵。此地后来成为苏北重镇。

绍兴六年（1136年）二月，张浚命京东宣抚使韩世忠从承、楚二州出发攻打淮阳（今江苏邳县西南）。韩世忠领命围住淮阳，敌我双方相持不下。刘猊及金兀术率金援军先后到达淮阳，宋军兵力不足，韩世忠于是向江东宣抚使张俊求救，张俊不肯发救兵，韩世忠只好退守楚州（今江苏淮安），途中又遭遇金军，宋军将其击退。同时淮阳民众跟随韩世忠南归的人有上万。四月初，因淮阳之役高宗赐韩世忠号扬武翊远功臣。

南宋建都临安

宋绍兴八年（1138年）二月，宋正式以临安府为都城，仍称行在。

建炎元年（1127年）五月，宋高宗赵构在南京应天府（今河南商丘）即位之后，为避金兵进攻，以巡幸为名，先后流亡至扬州、杭州、建康府（今江苏南京）等地，均称为"行在所"。张浚任宰相时，曾主张定都建康，以图恢复中原。张浚罢相后，高宗准备从建康撤还临安（今浙江杭

◎《中兴四将图》，刘松年画，绘南宋初将领刘光世、韩世忠、张浚、岳飞（从右至左）。

临安府地处太湖平原地区，交通便利，极为富庶。南宋朝廷因袭五代时吴越的旧城规模，加以扩建、筑外城、营造宫内（大内宫城），皆金钉朱户、画栋雕梁、覆以铜瓦，镌镂龙凤飞骧之状，极尽雕琢之饰。其宫殿之建筑，经高宗、孝宗两代兴建，堪与北宋东京皇宫相媲美。在南宋偏安的150多年间，临安城市商业、手工业空前繁盛。沿北起斜桥，南至凤山门的南北御街两侧店铺林立，酒楼茶馆、勾栏瓦舍相互交错，昼夜不虚；四百多个行会散布全城，海舶珍异之物全都在此集市买卖，这一切都营造出临安府独具特色的城市风格。

◎南宋文官像

州）。绍兴八年（1138年）二月，高宗以吕颐浩为江东安抚置大使兼行宫留守，自己则从建康出发，途经镇江、常州、无锡等地，最后至临安府，并正式以临安府为都城，但仍称为"行在"，以示不忘旧都东京开封。

◎南宋武士俑

宋金绍兴议和成

宋金淮西之役后,完颜宗弼(兀术)渐生和意。与此同时,宋高宗赵构和秦桧亦加紧对金乞和。绍兴十一年(1141年),宋廷派使赴金议和。同年十一月,宋金双方原则上达成了协议,其和约的主要内容为:①宋向金称臣,"世世子孙,谨守臣节",金册封宋康王赵构为皇帝。②划定疆界,东以淮河中流为界,西以大散关(今陕西宝鸡西南)为界,以南属宋,以北属金。宋割让唐(今河南唐河)、邓(今河南邓县)二州及商(今陕西商县)、秦(今甘肃天水)二州之大半于金。③宋每年向金贡银二十五万两、绢二十五万匹,自绍兴十二年(1142年)开始,每年春季搬运至泗州(今江苏盱眙北)交纳。④金归还宋徽宗棺木与高宗生母韦氏。

次年二月,宋派使节进誓表于金,表示要世代向金称臣,和约正式生效。三月,金遣左宣徽使至宋,对宋高宗行册封礼,国界亦于是年划定。但是金继续扣押钦宗赵桓为人质,以作为向宋进行政治讹诈的资本。"绍兴和议"因最后完成于绍兴十二年(1142年,壬戌年),故又称为"壬戌之盟"。通过这次和议,金人得到了从战场上得不到的大片土地和金帛,宋金之间确定了政治上的不平等关系;结束了长达十多年的战争,形成了南北长期对峙的局面。

◎金代壁画《鬼子母变相(赶驴)》,构成一幅优秀的风俗小品。

南宋突火枪开始使用

南宋时，火药性能提高，火药兵器在兵器中的比重显著增大，火药武器的制作也日趋精良。这时，战场上开始出现类似近代枪炮的火药兵器，突火枪是其中具有代表性的一种。

1132年，陈规镇守德安时，制成了能喷射火焰的长筒形火枪，用以焚毁敌人的大型攻城器；1132年，金军在作战中使用了飞火枪，它其实是用十六层纸卷成约二尺长的筒，内装火药、铁渣、磁末等物，再绑在长矛前端，临阵先点燃烧杀敌人，喷完火后再用矛格斗。1259年发明的突火枪在此思路上进一步发展，它用良竹为筒，能发射出"子窠"，即弹丸，这种弹丸已具备后世子弹的雏形，发射时声响如炮，远近皆闻。

突火枪的出现，意味着火药兵器，已从过去只能喷火焰烧灼敌人的管形喷火器，发展到能发射弹丸杀伤敌人的管形射击火器，不能不说是世界武器制造史上的划时代进步。

尽管当时的突火枪还未使用金属发射管，但其发射原理却是后世步枪、火炮的理论先导。

◎宋代铅铸双马

中国新娘开始坐花轿

轿子是从辇、舆等载人工具演变而来的,在五代出现了有顶的轿子。宋代时,男家已经开始用花轿来迎接新娘。在此以前使用的迎亲工具是花车。司马光在《书仪·亲迎》中记载说"今妇人幸有毡车可乘,而世俗重担子,轻毡车"。担子也就是轿。可见当时民间迎亲已大部分采用花轿。

◎上花轿是婚礼上最热闹的一个场面

据吴自牧记载,临安府民间在迎亲的日子,男家算定时辰,预先命"行郎"指挥搬运花瓶、花烛、妆盒、镜台等人,还要雇上妓女乘马,雇请乐官鼓吹,抬着花轿到女家迎接新人。花轿抬到女家之后,女家摆下酒宴款待行郎,发给花红银碟及利市钱,然后乐宫奏乐佳妆,时辰一到,催促登轿;茶酒司齐念诗词,说着吉利的话,催请新人出阁上轿。新娘是由女家的亲戚抱上轿的。新娘上轿后,抬轿人还不肯起步,仍在那儿念着诗词,索取利市钱和酒,这叫:"起担子。"女家发给钱以后,行郎们才抬起轿子齐声奏乐,一直迎到男家的门口。这时候预定的吉时将到了,那些乐官、妓女和茶酒司等还要互相念着吉利的话,在门口索取利市钱物花红等,这叫"拦门"。宋代以后,新娘乘坐花轿的风气一直沿袭下来。花轿的设备越来越考究,花轿也更加富丽堂皇。

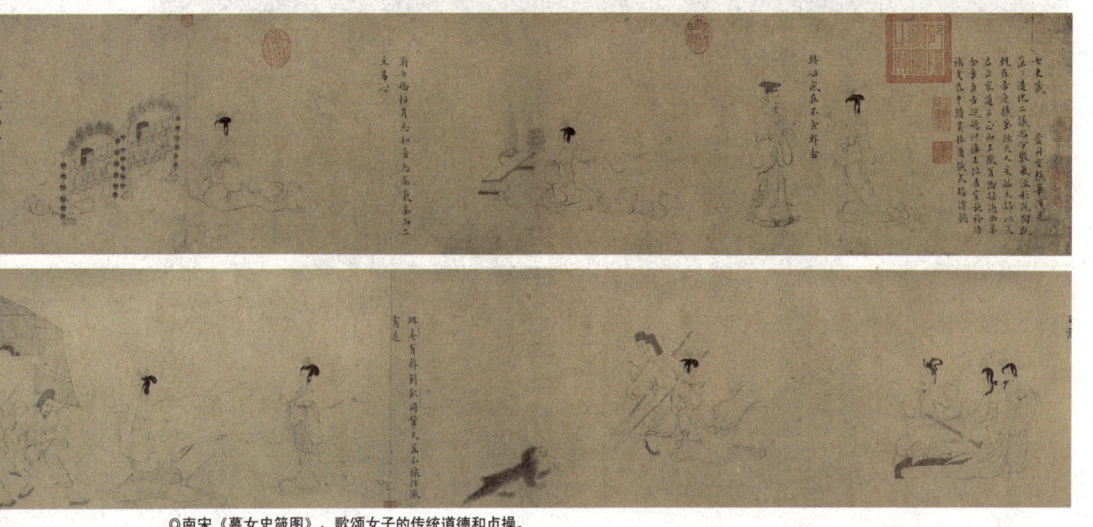

◎南宋《墓女史箴图》,歌颂女子的传统道德和贞操。

金制定法币

金朝建国前没有货币，在商贸活动中实行的是物物交易，占领辽、宋后，沿用其旧货币并随着商业的发展和繁荣，对此加以改造，创制了自己的货币。金朝发行货币开始于海陵王贞元元年1153年迁都之后，户部尚书蔡松年复钞引法，创制了交钞。这时发行的交钞分大、小钞两种十等，规定流通期限为七年。章宗大定二十九年（1189年），此规定被改为无限期流通，可以说是币制史上的一次重大改进。海陵王正隆三年（1158年），设宝源、宝丰，利用三钱监铸造"正隆通宝"的铜币，并开始流通。章宗大定十九年（1179年）铸"大定通宝"，第二年就铸了一万六千多贯。泰和四年（1204年），铸制"泰和重宝"，由于金代铜少，此后没能再铸铜钱，因而铜钱无法取代纸币作为主要流通货币。

金章宗时，纸币作为永久流通货币而被大量发行，加之货币屡屡更改，市民怨恨，金币制开始陷入极度混乱之中。政府为抑制币制混乱采取的措施是乱发纸币，每次发行都提高所当旧币的额数，这样不仅不能保证币值，反而更加贬值，通货膨胀十分严重。为此政府采取了一些经济上的对策，其中之一就是铸造银锭，使其便于流通，金章宗承安二年（1197年）以前是以锭来计量白银的，银锭重五十两，这一年，开始铸造"承安宝货"，有一两至十两共五等，从此成为法定货币。这次货币的革命性变革虽无法改变金王朝经济极度混乱的局面，却对后代产生了深远的影响，元代的币制就是由此直接脱胎而来的。此外，金政府采取了促使货币回笼，以时估价、限价、计价等措施，仍然无法逃脱滥发纸币带来的货币流通规律性的惩罚，以致亡国。

◎金代交钞铜钞版

宋广泛流行导引术

宋初，儒、释、道三教开始合流，所以宋初的儒者学士在精研儒家学说的基础上也兼及释道的学说，思想活跃，学派很多。来自道家释家的导引养生之术就在这帮儒者文士之中流行起来了，他们当中还有人对此作过精深的研究，多有著述。

当时内丹学在儒者文士中颇为流行，两宋名儒种放、穆修、李之才、邵雍、周敦颐、晁迥、苏轼、朱熹等都曾潜心研究过内丹学，有的还根据内丹之传实地修炼。内丹学的主要修引方法是静坐。

当时有许多讲理学的大师，无论是道学家还是心学家，都喜欢用"静坐内省"来教育人。据说程颐一坐便是几个小时。朱熹也很重视静坐，他

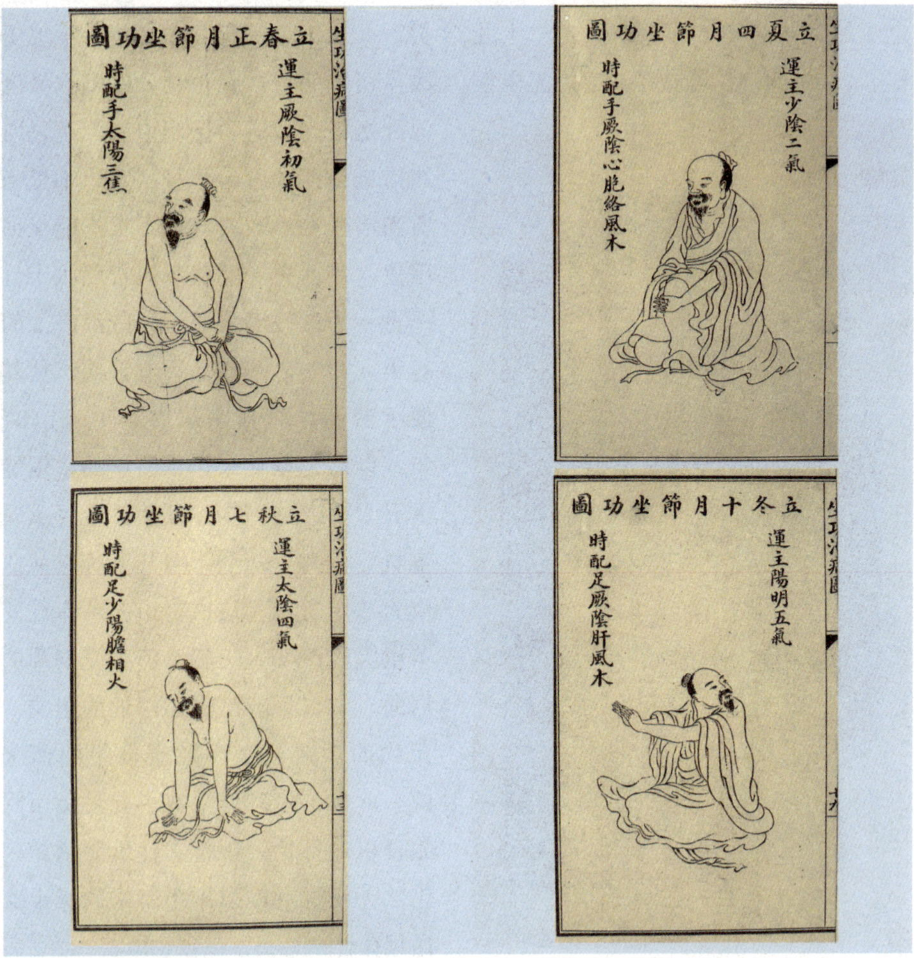

◎《二十四气坐功导引图》之立春、立夏、立秋、立冬坐功图

在"沧州精舍"就经常静坐,并对人说:"人着逐日无事,有现成饭吃用,半日静坐,半日读书,如此一二年,何患不进。"(《朱子语类》卷二)朱熹一生心仪于内丹之道,撰写了《周易参同契考异》一书。他认为自己"异时每欲学之,而不得其传,无下手处"故"不敢轻议"。

总的说来,宋代内丹学的流行对儒学的影响极大,其哲学理论给儒学提供了具有极大启发性的思想材料,并且这种属于气功一类的修练方法以其治病强身、延年却老之功效吸引了包括儒者文士在内的众多人士去实践和体会,对后世产生了极大的影响。

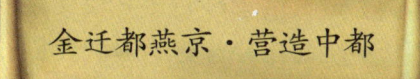

金迁都燕京·营造中都

天德五年(1153年)三月,金朝将都城迁到燕京(今北京),第二年即称为中都大兴府。

金原来建都上京(今哈尔滨西南)。天德三年(1151年)三月,海陵王因为上京地处极北,偏僻而且不便统治,于是决定将都城迁往地点居中的燕京(今北京)。四月,正式下诏宣布将迁都燕京,命尚书右丞相张浩调集各地民工、匠人扩建燕京城,建造宫室。

张浩是辽阳渤海人,精通汉文

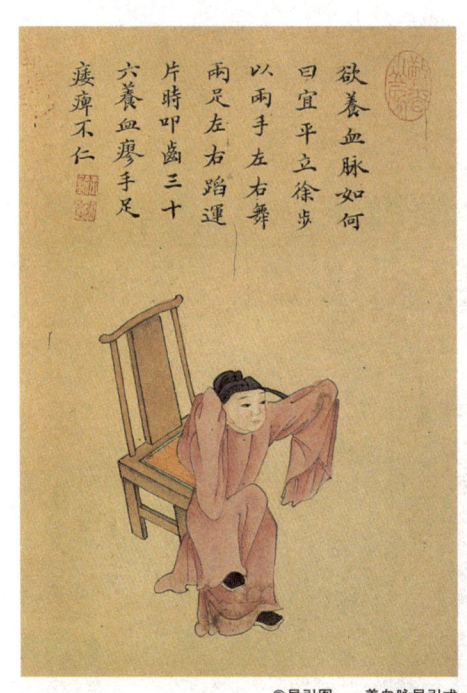

◎导引图——养血脉导引式

◎金代观音菩萨立像

化。天德三年（1151年）他受命与蔡松年一起主持营建中都。天德五年（1153年），工匠们经过两年的辛勤劳作，终于大功告成。扩建后的中都城周围九里三十步，仿照汉人的都城宫室制度。城正门叫宣阳门，门内分别设有来宁馆、会馆，用来接待使臣。

皇帝宫城在内城，有九重宫殿，总共三十六殿，以皇帝宫殿为中心。内城的南面，向东有太庙，向西有尚书省。内城西面有同乐园、瑶池等游乐场所。

天德五年（1153年）三月，海陵王举行盛大的仪式，浩浩荡荡南迁，进入中都燕京。从此，金朝的统治中心南移到了中都。

逸闻趣事 杀人祭鬼

宋朝的时候，民间有杀活人祭祀鬼神的丑恶习俗，特别是在湖南、陕西、两广等地方，这种杀人祭鬼的活动大为流行。宋朝廷多次禁止都没有什么效果。

绍兴二十三年（1153年）六月，将作监孙寿祖鉴于杀人祭鬼的陋习蔓延到浙江、四川这些地方，妨害官府政令的推行和居民生活的安定，影响很坏，于是上奏朝廷，陈述利害关系，请求朝廷责令监司、州县严行禁止，并且建议朝廷对违反的人处以连坐的重刑，捣毁所有巫鬼淫祠，以绝后患。宋廷见事态严重，再不严禁恐怕会造成更恶劣的后果，于是采纳了孙寿祖的建议，立即颁布文告，委派专官，采取严厉措施来禁止这种陋习。宋廷的严刑重罚，在一定程度上扼制了杀人祭鬼这种丑恶习俗的扩散。

◎宋体乐舞图

海战兴起

海战也是水战的一种，中国古代的水战，一般均由近距离的接舷战决定最后胜负。宋代水战已具备了近代水战的雏形，由于弓弩的大量使用，特别是爆炸性火器如火箭、铁火炮、霹雳炮等的应用，出现了在一定距离之外可以发起攻击的水战。宋代水战的基本战法，有火攻、接舷战、顺流冲角三种。当宋代水战由内河扩及海上，由江河作战扩为江海作战，就导致了中国古代大规模海战的兴起。

宋代海战中，唐岛之战最初出现，这是火器应用于水战之后的第一次大规模海战，在海战史上写下了光辉的一页。绍兴三十一年（1161年），金完颜亮大举南下，苏保衡、完颜郑家奴率水军七万人，铁舰六百艘直指临安；南宋水军将领李宝率战舰一百二十艘，水兵三千人迎击。在黄海唐岛（又名陈家岛，在今山东灵山卫附近）两军相遇，李宝乘敌军尚未发觉，命令舰队全面出击，突入敌阵。金军遭到突袭，仓促应战，舰只挤成一团。李宝迅速下令向敌军发起火攻，金舰队陷入一片火海。结果，全歼金舰队，只有苏保衡只身逃脱。此次海战，李宝长途奔袭，以三千水军，全歼超过自己二十倍兵力的金军大舰队，创造了中国海战史上以少胜多、以弱胜强的光辉战例。

海战的兴起，增强了当时宋王朝的国防力量，对宋朝人民保家卫国起到了很好的积极作用，而宋代海战兴起，又对后世海战起到了开创先河、并具有重大启迪的作用，所以说宋代海战兴起，又是近现代海战雏形的形成。

◎《武经总要》中的红楼舡图。楼舡是一种楼船。

全真教兴起

北宋后期,王喆创立了一个具有完整教义的新道派全真教,它是宋元道教鼎革浪潮中涌现出来的一个最大、最重要的新道派。

王喆出身富庶,文武全才,但直至四十七岁仍不得志,才慨然入道,自号重阳子,后人又称他为王重阳。未立全真教以前,他在终南山筑穴而居,号"活死人墓",内则潜修金丹,外则佯狂装疯,还自名"王害风",但并未引来信徒。大定七年(1167年),他焚居东行,云游至山东半岛,树起"全真"旗号,不仅招收了马钰、谭处端、刘处玄、丘处机、王处一、郝大通、孙不二七大弟子,还在文登、宁海、福山、莱州一带建立了五个群众性的教团会社,正式创立了全真道的组织形式。不久,王喆在返回关中路上逝于汴京。但他东行传教这三年中,成绩卓著,在理论和组织方面都为全真教的兴盛奠定了基础。

经过二十余年经营,全真教在组织上已具备相当规模,教义也发展完善。王喆继承内丹派道禅融合的思想,高唱三教合一,宣扬"三教从来一祖风","太上(老子)为祖,释迦为宗,夫子(孔子)为科牌",后来全真教说"天下无二道,圣人不两心",正是这种会通三教的强烈愿望的表现。全真教力倡三教平争,也是

◎宋壁画《善事术子本生故事》(医眼),描绘了牛医盲人眼一个场景。

有鉴于儒佛两家远胜于道教的不等事实,他们说三教之徒交游中不应有门户之见,显然是要抬高道家地位,与儒佛平起平坐。

全真教作为一个道家流派,也坚持成仙证真的信仰。他们汲取佛教"众生皆有佛性"说,宣扬人人皆可成仙论;又援附禅宗的"见性成佛"说,宣扬明心见性,即可证仙,但其学说比禅宗更浅显易学。王喆为其新道派起名"全真",正是为了提倡保全真性,以清净为宗,以识心见性为本,成就一个最完美、最真实的人生。

宋孝宗即位

宋绍兴三十二年(1162年)初,由于南宋军民的坚持抗击和统治集团的政变内讧,金被迫撤军北还。宋军乘势收复了许多州县,各地义军也纷起响应,形势对宋十分有利。

此时,主和的宋高宗赵构既不敢继续抗金,又难于继续推行投降政策,处于进退两难的境地,就决定把重担交给养子——皇太子赵昚。赵昚,原名赵伯琮,是太祖的七世孙,赵德芳后人,秀王赵称的儿子。赵构曾有一子名赵旉,但"苗刘之变"被拥立为小皇帝,事件平定后,不久就夭折了,而赵构又因为"维扬之变"时受了惊吓,丧失了

◎南宋进贡人雕塑

生育能力。高宗退居德寿宫,自称太上皇,赵昚即位,这就是宋孝宗。因为这一年是壬午年,所以被称为壬午内禅。

孝宗在位二十七年,不忘恢复故国,即位之初即诏令为因主战而蒙冤的岳飞等人昭雪,极大地鼓舞了主战派的斗志。

隆兴和议

张浚主持的北伐失败后,朝廷上的主战派与主和派为战还是和争持不下,最终宋孝宗倒向了主和派的一边,决定要与金议和。

隆兴二年(1164年)、金大定四年(1164年)闰十一月,经过几年的战争和外交努力,宋金双方终于就和平条件达成一致意见。主要条款为:双方世为叔侄之国,宋帝正皇帝之称,不再向金称臣;改岁贡为岁币,宋每年给金白银二十万两、绢二十万匹;宋放弃商(今陕西商县)、秦(今甘肃天水)等六州,两国疆界还以绍兴和议为准;不遣返叛亡之人。这就是隆

◎宋孝宗赵昚像

◎山西金墓中的仿木建筑,窗侧绘有孝子故事。

兴和议，以后，宋金双方保持了四十年的和平关系。

隆兴和议既成，宋廷就开始裁定内外大军的兵额。乾道元年（1165年）七月，定殿前司兵额为七万三千人。次年正月，定马军司兵额为二万八千人，步军司为二万一千人。

后来，又陆续裁各地兵员。到乾道末年，宋内外军总数为四十余万，每年军费需八千多万缗钱。

南宋整顿会子

会子是南宋的一种纸币，早在北宋熙宁年间就已出现。南宋末年，由于经济的繁荣发展，临安民间出现了作为兑换铜钱的便钱——会子，由豪右主持发行，绍兴三十一年（1161年）二月，为了管理会子的印造发行事务，朝廷设置了行在会子务。

自从绍兴三十一年（1161年）印行会子开始，到乾道七年（1171年），共印行了2800多万道。但是，各路货运依指挥都要收现钱，州县也不许民户输纳会子。这样一来，各地会子堵塞，不能正常流通。于是就有商人专门用纸价买进会子，支取现钱，市场一片混乱。度支郎唐琢上书说明了这个情况，请求给度牒和各州助教帖各五千道支付给榷货务，派人

◎河南开封祐国寺塔

◎南宋青铜塔

根据现行价格，全部用会子购进。宋孝宗下诏，令先发给度牒和助教帖各五百道试行。

另外，乾道二年（1166年）夏，宋孝宗曾命户部开始印制面额分别为二百、三百、五百和一贯的会子，规定只能在两淮流通不得过江，这使得民间买卖很感不便。中书、门下省了解了这一情况后，南宋政府于是解除了两淮铜钱、会子不能过江之禁，允许民间以会子作现钱输官。

总之，经过对会子的整顿，南宋的经济秩序又稳定了。

中国创造火箭

火箭起源于中国，是中国古代重大发明之一，是一种依靠自身向后喷射火药燃气的反作用力飞向目标的兵器。

北宋时期中国已大量生产火药，并用来制造火器，主要有弓火药箭、弩火药箭、霹雳炮。北宋后期，民间流行的能高飞的"流星"（或称起火）属于用来玩赏的火箭，南宋时期，产生了最早的军用火箭。当时的火箭是在普通的箭杆上绑一个火药筒，发射时用引线点燃火药，火药燃气从尾部喷出，产生反作用力推动火箭前进，它以火药筒作发动机，以

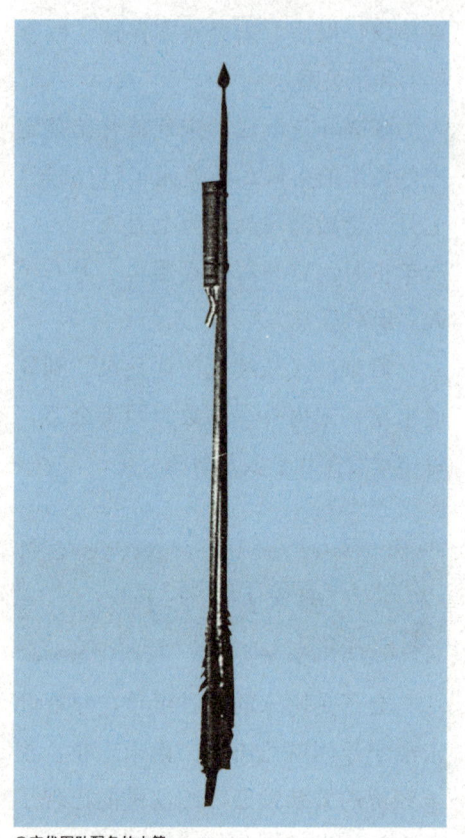
◎宋代军队配备的火箭

箭杆作箭身，用翎和箭尾上的配重铁块稳定飞行方向。其构造虽简单，但组成部分却很完整，是现代火箭的雏形。火箭的火药筒制造简单，用多层油纸、麻布等做成筒状，筒内装满火药，前端封死，后端留有小孔，从中引出火线，这与现代火箭制造原理十分相似。火箭的战斗部就是一般的箭头，或代之以刀、矛、剑，强者可射穿铠甲，射程可达五百步（约775米），有时在箭头上涂缚毒药来增强杀伤效果。火箭战斗部从用冷兵器实施个体杀伤，发展到用火药作群体杀

伤和破阵攻城，是火箭武器杀伤威力的重大推进。火箭技术迅速提高，发展成种类繁多的火箭武器，广泛应用于战场。

宋代火箭技术的发展，不仅为中国古代战争提供了先进武器，而且具有重大的科学价值，是中国对世界文明的一项特殊贡献。

辛弃疾

辛弃疾，字幼安，号稼轩，历城（今山东济南）人，是南宋最杰出的爱国词家。他出生在金国建立初期所占领的地区，目睹金贵族统治者对北方人民的蹂躏，自幼便在心中埋下了对侵略者的仇恨。因父早亡，辛弃疾随祖父读书。每逢闲暇，祖父便带他"登高望远，指画山河"，意在使他不忘家园，心存恢复。在祖父的影响下，辛弃疾的民族意识和爱国热情都十分强烈。

南宋高宗绍兴三十一年（1161年），金主完颜亮大举南下，各地人民纷纷举起武装抗金的义旗，二十二岁的辛弃疾也在济南南部山区聚众两千人起义抗金，不久投归济南村民耿京为首的义军，在军中"掌书记"。完颜亮南侵失败后，辛弃疾力劝耿京"决策南向"，在军事上与南宋王朝配合行动。就在辛弃疾代表义军往南宋接洽联合抗金之事时，义军中的叛徒张安国谋害了耿京，投向金人。辛弃疾于北归途中获悉此事，即领随行的五十余人突袭了有五万人之众的金营，生擒张安国，当场又号召了被裹胁的耿京旧部万余人反正。随后，大队人马突破金兵包围，长驱渡淮，投归南宋，将张安国押至建康斩首。这件事震惊朝野，辛弃疾因此而声名大振，成为带有传奇色彩的英雄人物。

辛弃疾南归是为了抗金报国，并不以个人功名利禄为重，他依然满腔热情地关注着国家大事。辛弃疾南归前后，经历了从辉煌到黯淡的落差，在他的人生道路上是一个重要的转折。

◎山东济南辛弃疾纪念祠

◎南宋《溪山清远图》，夏圭画。

朱熹

朱熹,字元晦,号晦庵,徽州婺源(今属江西)人,曾侨居建阳(今属福建)。南宋哲学家、教育家、文学家。绍兴十八年(1148年)进士,在其一生中政治权位并不显达。然而他一生以著述讲学为主,学生众多,又广注典籍,对经史、文学、乐律乃至自然科学都有贡献。主要著作有《四书章句集注》、《伊洛渊源录》、《名臣言行录》、《资治通鉴纲目》、《楚辞集注》、《诗集传》、《周易本义》及后人编纂的《朱子语类》、《朱文公集》等。

在哲学上发展了二程(程颢、程颐)关于理气关系的学说,集理学之大成,建立起客观唯心主义的理学体系;世称程朱学派。其学认为:理、气不能相离,"天下未有无理之气,亦未有无气之理"。又断言:"理在先,气在后";"有是理便有是气,但理是本。"强调"天理"和"人欲"的对立,要求人们放弃"私欲",服从"天理"。但是在朱熹生前,其学说被称为伪学,士人不敢谈儒,甚至朱熹的葬礼他的门生故旧都不敢前往,参加葬礼的人仅有数人。朱熹死后,其学说和著作得到宋理宗赵昀的推崇。从此,朱熹的学说成为理学的正统,理学成为官方哲学,朱熹也被后代统治阶级尊为"大贤",其学说对后世有巨大而深远的影响。

◎朱熹像

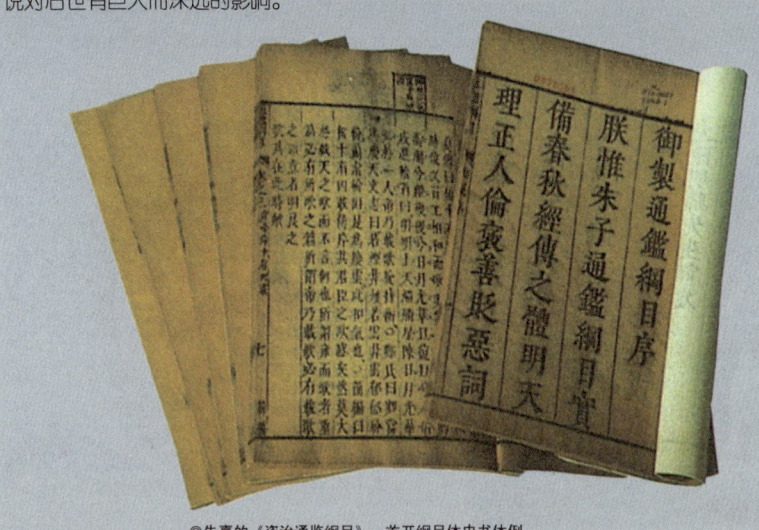

◎朱熹的《资治通鉴纲目》,首开纲目体史书体例。

禅宗开始东渡

南宋时代，禅宗在中国已经进入全盛时期，江南五山十刹得到政府的提倡，全成禅寺。荣西是日本禅宗的开山祖。1169年，他第一次到明州参拜天台山和阿育王山，带回天台宗的新章疏和茶籽。1187～1191年，荣西第二次到明州，向天台山万年寺的虚庵怀敞学禅，怀敞移居天童山后，他也随往继承法统，宋孝宗封他为千光法师。回国以后，他将禅宗的临济宗在日本传扬，著成《兴禅护国论》，开始脱离天台宗，提倡修禅护国，宣扬"见性成佛"、"不立文字"等，切合武士的口味，得到当时的镰仓幕

◎南宋罗汉坐像

府的大力支持，在日本全国迅速传播开来。

至13世纪，中国也有禅僧到达日本，传播禅宗。1246年，阳山兰溪道隆来到日本，成为镰仓禅宗道场的开创者。1248年12月，他又应幕府执政北条时赖的邀请，在镰仓粟船常乐寺开讲禅学。1253年，北条时赖建成建长寺，从此日本才有了独立的禅寺，不再和天台、真言寺庙相混。禅宗在幕府的保护下，也不再受天台、真言宗的排斥。道隆东渡，为日本禅宗奠定了基础。此后，执政北条时宗特地从明州天童山请来无学祖元主持镰仓建长寺。1282年镰仓圆觉寺建成之后，祖元成为开山祖。北条时宗等许多镰仓武士都跟从祖元学禅。

◎南宋观音菩萨坐像

禅宗的传播，对日本的建筑、工艺和社会习俗等方面都产生了深远的影响。在建筑上，输入天竺式和唐式两种式样，改变了日本原有的建筑模式。中国的陶瓷、丝织工艺也借禅宗的传播在日本得到了发展。荣西到中国后，将茶种带回日本，提倡种茶、喝茶，后来发展起独具民族精神的日本茶文化。

宋海外贸易扩大

两宋时期，中国同亚、非地区五十多个国家有贸易往来，海船直接到达的国家和地区有二十多个。海外贸易规模和范围都扩大了。

宋代，东到朝鲜、日本，南到南海各国（指当时东南亚和印度洋沿岸各国），西到阿拉伯半岛和非洲东海岸，都有中国海船的踪迹。

宋朝海外贸易中，中国以输出瓷器和丝织品为主，这样就促使制瓷业在两宋时期大放光彩，产量大增，瓷窑遍布各地。而某些商品的大量进口，对国内的生产发展和技术进步起到积极的作用。如硫黄的进口对火药的改进起到促进作用。最后，两宋时期海外贸易收入，在财政上占有重要地位，不容忽视。宋高宗末年，对外贸易所得，达到财政总收入的百分之十五多。宋朝正是通过对海外贸易进行抽税，获得了巨大经济效益。

宋代海外贸易的扩大，不仅仅在经济生活方面获益，而且在政治生活方面也取得了巨大的成就。两宋时代，与宋朝海路通商的国家，不但包括了自汉、唐以来一直与中国有贸易

◎泉州出土的南宋海船。南宋时代中等船位的海外贸易货船。

◎印度出土的9世纪的中国陶器

西方造船史家认为，以人力踏水的轮船始于15世纪，而中国在8世纪末水军就装备了两轮战舰，而且到12世纪中叶又造出了长三十余丈的大型车船。1130年，杨幺起义军在洞庭湖与宋军展开激烈水战时，使用的主要战船便是车船。据史料记载，杨幺义军所用车船长度即达三十六丈，采用楼船船型，船体相当大，可以容纳战士一千多人。

这种车船在船上起楼，置拍竿，用辘轳操纵，使用二十二到二十四组转轮，旁边设有护车板，保护转轮免被碰撞损坏。由于此种楼船式车船规模巨大，只能适用于像洞庭湖这样的广阔水面，因而并不普遍，宋代主要使用的还是八、九车以下的中小型车船。

但是，由宋代长达三十余丈大型车船的出现，足可以看出当时车船发展达到的水平。到了13世纪，车船已经成为中国水军舰队的重要舰种了。

往来的国家和地区，而且也包括以前尚未建立直接贸易联系的国家和地区，既发展了经济，又传播了中华民族的文化。

宋代车船发展成熟

早在公元8世纪的唐代，我国就已经出现了两轮战船——车船。到了宋代，车船的制造技术发展很大，车船种类大大增加。当时的车船有一车、四车、五车甚至十三车，个别的还高达二十至三十多车。所谓车是按使用转轮数量为标准分级，一组两个转轮就称为一车。车数越多，船体一般也越大。车船并用轮桨，在内河湖泊可以根本不依靠风力而能够达到很高的速度。

◎辽代星象图。绘有北斗七星、太阳、月亮等九曜，以及二十八星宿、黄道十二宫象。

宋南方土地利用技术突破

宋代由于人口增加与耕地不足的矛盾日益严重，促使人们充分利用土地资源，除了平原之外，山地、河滩、水面、海涂等都先后被利用起来，出现了梯田、圩田、涂田、架田等土地利用方式，这是中国土地利用技术的一次很大的突破。

梯田分布在丘陵地区，它虽然出现很早，其正式名称却是在南宋范成大《骖鸾录》中才首次出现。唐宋时期，中国已具备梯田较大规模发展的社会经济条件和技术条件，梯田得以长足发展，促进了南方山区的农业生产。

圩田，又称"围田"，其修筑在五代时已有相当基础，到宋代有了更大发展，圩田数量大大增加。在宋代，通过圩田的经营，一方面从水面争夺了相当大数量的田地，扩大了水稻等作物的种植面积；另一方面，又因此缩小了水面和湖泊容水量，限制甚至破坏了水稻的生产。

涂田指的是海滨地区开造的田地。唐、宋时代，一般都采用筑堤的方法，对海涂加以利用。人们还创造了利用生物治理海涂盐碱土的方法，即开初种植水稗，等到脱盐之后，才种植水稻等农作物，经过这样处理的田比一般的田地收获多很多倍。

中国的水上浮田，按其形成的性质大致可分为两类：一是天然的葑田，由泥沙自然于积葑（茭草）根部而形成；另一类就是架田。架田，又称筏田、葑田，是在水面架设木筏铺盖葑泥而成的，是一种与水争地的人造水面耕地。架田适用于南方水乡，其优点很多：容易安装，不受地形条件限制，不需花太多劳动去垦辟、整治土地；没有旱涝的灾害，还可在较短的收获季节里栽种作物。

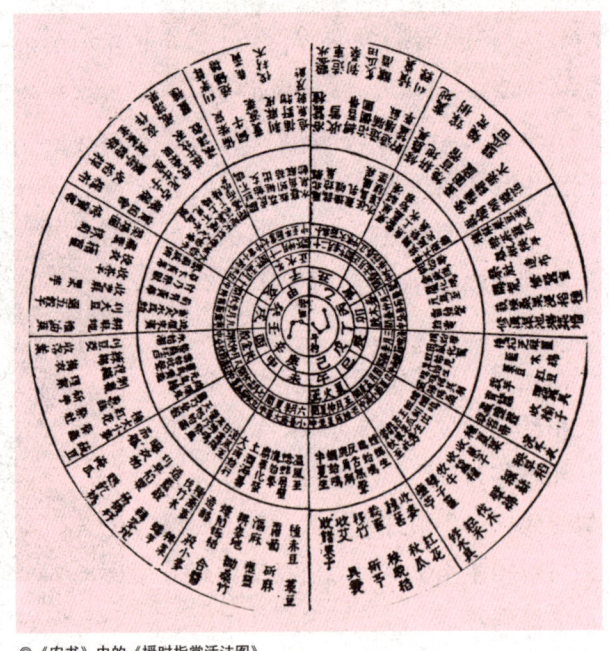

◎《农书》中的《授时指掌活法图》

林栗弹劾朱熹

淳熙十五年（1188年）六月，宋孝宗将江西提刑朱熹提升为兵部郎官。朱熹因为脚上生病没有马上就职。当时兵部侍郎林栗跟他谈论对于《易》、《西铭》的一些看法，两人意见不统一，发生争执。林栗怀恨在心，让吏部督促朱熹就任。朱熹脚病还没有好，请求延期。林栗接着在朝廷上弹劾朱熹，说朱熹本来没有什么学问，只不过拾了张载、程颐等人的牙慧，称作"道学"。所到之处，都要带上几十个门生，沿袭春秋战国时游士的姿态，模仿孔孟的样子。现在看重他的虚名，召他做京官，但他却在路上拖延，要高价，门生都为他游说。现在皇上推恩升他做郎官，他却还是傲慢不满，不肯来就职。请求将朱熹罢去不用，作为对皇上无礼的人的告诫。

奏章呈上，宋孝宗看了，认为林栗有些言过其实，况且他又亲眼见到朱熹的脚有些跛。周必大也证实说，朱熹进殿朝见那天，脚病还没好，只能勉强行礼。其他官员也为朱熹辩解。孝宗见如此，命令朱熹依旧回江西担任原来的职务。朱熹看到孝宗反复无常，坚决辞职，也不去江西做官了。七月，侍御史弹劾林栗执拗不通，最喜欢党同伐异，无事找事指责读书人结党谋私。孝宗认为他说得有理，于是将林栗贬出京城，到地方上做知州。林栗害人不成，却不料自己反而成了挨打的靶子。

◎《朱熹著书图》，描绘了一代理学大师的写作生活。

◎朱熹出生地——福州尤溪南溪书院

卢沟桥修建

金大定二十九年（1189年），金朝统治者为解决南北交通不便，在北京城西南15公里的永定河（旧称卢沟河）上开始动工修建卢沟桥，历时三年，至明昌三年（1192年）完工，初名曰"广利桥"，后因河得名为卢沟桥。

卢沟桥是闻名世界的中国古代多孔原墩联拱石桥，全长213.2米，加上两端桥堍，总长266米，由十一孔石拱组成，近岸孔跨长约16米，中心孔跨长约21.6米，形成一种跨径由中心一孔向两侧递减，使桥身造型以中心对称而向两侧作渐变的处理。拱石之间有腰铁相联，桥墩迎水方向作分水尖，并在每个桥墩分水尖端置一三角形铁柱，以其锐角来迎击冰块保护桥墩。为保护拱脚，在墩下又打入许多短木桩。桥面净宽7.5米，为框式横联结构形式。桥面与桥栏自两侧向中间逐渐升高，使整座桥呈微向上拱的平滑曲线。桥上保留有精美雕刻。桥中心孔两侧与西边第五孔拱顶龙门石上

宋辽金夏

◎卢沟桥全景

保留的三个龙头雕刻，为金代原物，风格独特，现存桥的整体造型、桥墩与桥身部分构件的雕刻，均为金代原物。现存石栏板及望柱，虽为不同时期的遗物，但大部分仍为金代原物。桥身两侧各有石雕护栏，二百八十一根栏杆望柱柱头刻仰覆莲座，座下刻荷叶石墩，柱顶刻石狮子大小达四百八十五个，个个造型生动，姿态各异。东端桥堍石栏尽头两侧各有一只大石狮，两端则有两尊石象，另有华表四根，石碑四通。

现存卢沟桥为清康熙时毁于洪水后重建，仍坚固如初。桥东头有清乾隆御笔题刻的"卢沟晓月"碑亭为"燕京八景"之一。卢沟桥一直是北京通向南方的交通要道，行人和车辆来往繁忙。1937年7月7日，日寇在此发动"卢沟桥事变"、抗日战争全面爆发，卢沟桥因此名传中外。

◎卢沟桥石雕柱上刻有姿态各异的石狮

"四书"成为标准教科书

南宋时期,理学的集大成者朱熹先后完成了对《论语》、《孟子》、《大学》和《中庸》的集注,之后又把这四书连同自己的集注,汇集成一本,刊行于世,称为《四书章句集注》(简称《四书集注》),"四书"之名从此确定下来。

朱熹之所以把"四书"汇集起来并作集注,是因为他认为读"四书"较读传统的《诗》、《书》、《礼》、《乐》(汉时亡佚)、《易》、《春秋》六经"用功少而收效多"。他曾经说:《诗经》在孔子时,小孩子都会吟诵,而今天的老生宿儒都很难理解,是不宜于作为现今的重点教材的。他认为做学问就须先穷理,而"穷理必在于读书",而"四书""义理"丰富,又易读,所以读起来效率高。他曾经把《春秋》等经比作"鸡肋","食之无肉,弃之可惜",所以他主张先读"四书","四书冶,则群经不攻而治矣。"可见,他把"四书"的地位抬得很高,甚至可以凌驾五经了。对于"四书"的学习顺序和意义他也有论述,他说:"先读《大学》以定其规模,次读《论语》以立其根本,次读《孟子》以观其发越,次读《中庸》以求古人之微妙处。"

南宋宁宗时,把《论语集注》和《孟子集注》列入学官,元朝时,科举考试试题必须出自《四书集注》,并要求考生答题时以程朱理学的观点阐述。明清两代都以《四书集注》作为从朝廷到地方的官办和私办的一切学校最基本教材以及科举考试的标准答案,四书及朱子的集注,成为标准的教科书,为封建社会晚期广大知识分子所必读。

◎《孔子像》,马远画。

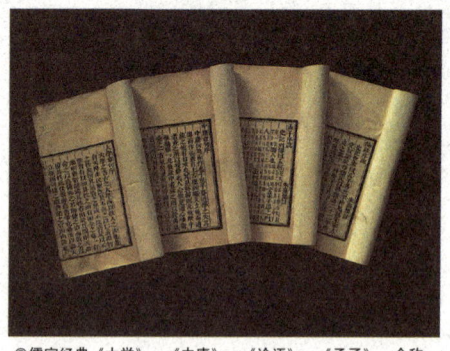

◎儒家经典《大学》、《中庸》、《论语》、《孟子》,合称"四书"。

王庭筠书法独步金代

王庭筠，字子端，号黄华老人，熊岳（今辽宁熊岳）人，米芾的外甥，金大定十六年（1176年）进士。明昌三年（1192年）召为翰林文字。与秘书郎张汝方鉴定内府书画，不久迁升翰林修撰。在文学、诗画方面都有突出成就。绘画师承任洵，书法受米芾父子的影响颇深，在金代书法家中称得起杰出代表。

王庭筠善画古木竹石，七言长诗以造语奇怪著称，很有个性。《黄华集》是其诗作汇集，深厚的文学功底和绘画功底，使他的书法艺术成就不俗。

王庭筠书法师承米元章、王羲之，从他的《重修蜀先主庙碑》可以看得出，他在晋、唐碑版上的功力很深，兼得王、米的妙处。他的书法沉顿雄快，极有风致，与当时的赵沨、赵秉文均位列名家。

王庭筠传世墨迹极少，多数遗失，代表作有《幽竹枯槎图卷题辞》、《李山画风雪松图卷跋》、石刻字迹《重修蜀先主庙碑》、《博州重修庙学记》。

《重修蜀先主庙碑》以行楷写碑，直承宋人余渚。明人胡翰说他"书法气韵似米南宫，妙处不减晋人"，有的甚至说他"高淡如张从申，劲媚如柳诚悬，于宋四家外别

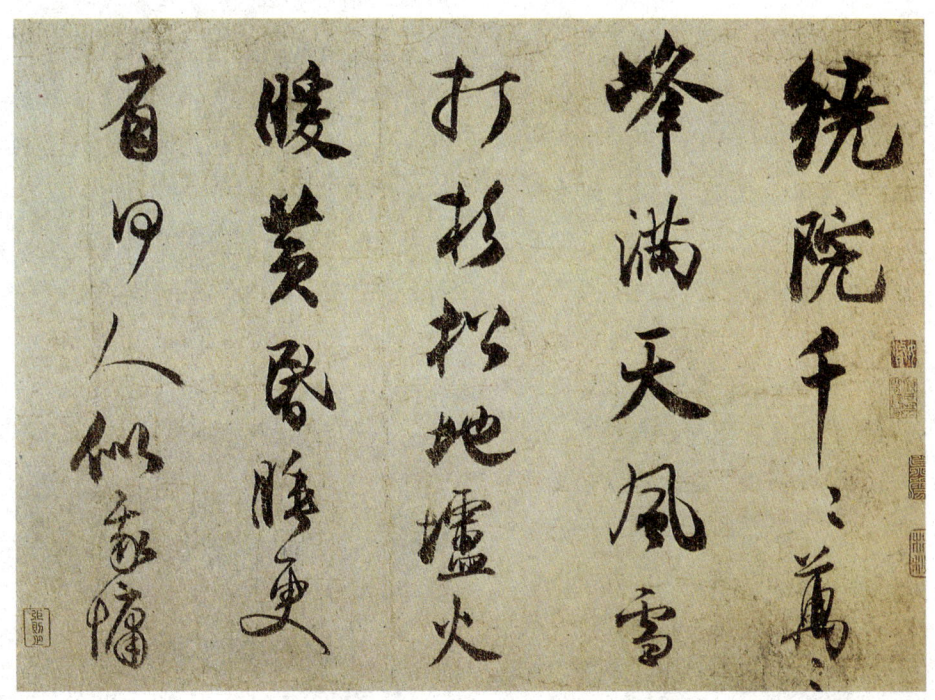

◎王庭筠《李山画风雪松图卷跋》书法作品

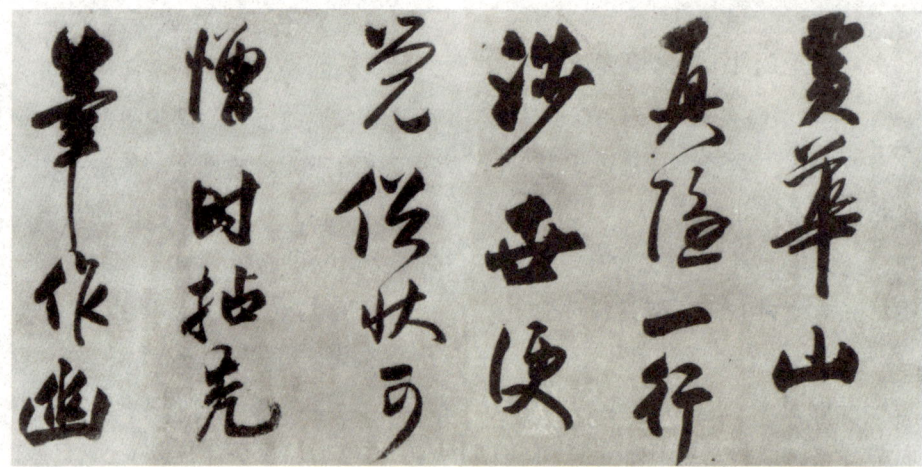

◎王庭筠《幽竹枯槎图卷题辞》书法作品

树一帜"。

在当时文化并不十分发达的金国，王庭筠能得到如此的赞誉，实属不易，在金国书坛上独领风骚，也无可厚非。

宋李皇后擅政

李皇后是庆远军节度使李道之女，是相州安阳（今河南）人，乾道四年（1168年）生嘉王，淳熙十六年（1189年），光宗即位后册封她为皇后。她心狠手辣，妒贤嫉能。光宗本有精神病，李后屡次拨弄是非，使光宗与父猜疑不和。她断宫女之手送与光宗，杀死受宠的黄贵妃，使光宗之病加剧，不能临朝，从而政事多由她决断。李后骄纵益甚，封其先三代为王，家庙太卫多于太庙，亲属门客纷纷依势得官。她推恩亲属二十六人，使臣一百七十二人，甚至门客亦予补官。光宗在内受制于李后，久废朝拜太上皇之礼，一时朝堂内外疑骇非常。加之内侍又离间三宫，宫廷危机加深。绍熙四年（1193年）九月重阳节，百官请求光宗朝到重华宫看望父亲孝宗，李后阻拦未能成行。孝宗去世，光宗不出，丧礼几致不能举行。赵汝愚等大臣策谋使光宗退位，立嘉王为宁宗，尊李后为太上皇后，方削弱李后权势。庆元六年（1200年）六月，李氏死，她擅政丑剧终于落幕。

◎宋代乳钉狮纹鎏金银盏

十八般武艺

"十八般武艺"已成为国人耳熟能详的口头语,并已有了比字面远为广泛的含义。追究起来,"十八般武艺"一语首次出现当是在南宋初年,两宋人华岳编于嘉定元年(1200年)的《翠微北征录》中记载:"武艺一十有八,而弓为第一。"可见,"十八般武艺"原指使用十八种兵器的本领。

元朝以后,"十八般武艺"一词广为流传,广泛用于说书、戏曲、小说之中。但关于"十八般武艺"的具体内容,则说法多样,但较为经典的当数明人笔记里的提法。明人谢肇淛的《五杂俎》和朱国桢的《涌幢小品》中,记"武艺十八事"为:"弓、弩、枪、刀、剑、矛、盾、斧、钺、戟、鞭、锏、挝、殳、叉、耙头、锦绳套索、白打"。其中前十七种是兵器名称,最后一种则是徒手搏击。而《水浒传》里的提法也许更生动易记:"矛锤弓弩铳,鞭锏剑链挝,斧钺并戈戟,牌棒与枪杈。"

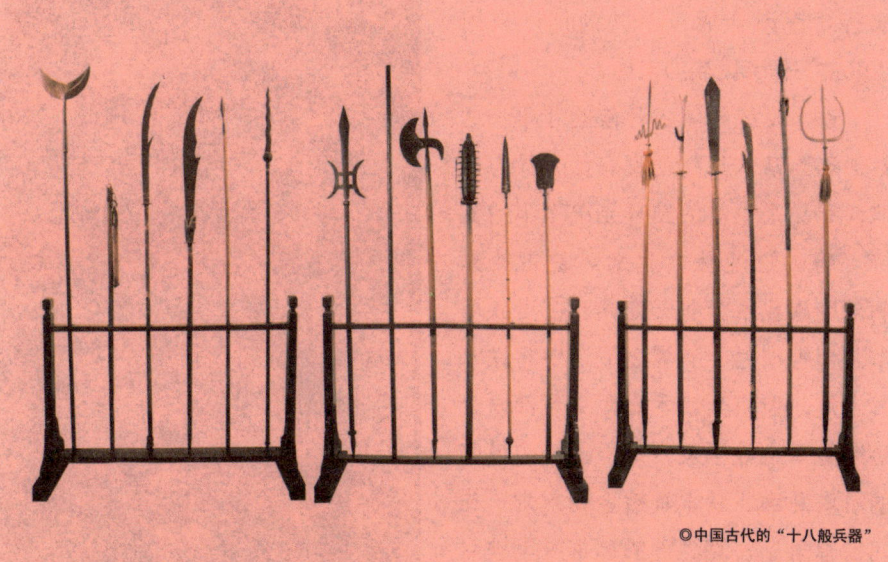

◎中国古代的"十八般兵器"

铁木真统一各部 建立蒙古国

开禧二年（1206年），蒙古大汗铁木真征服了蒙古草原上的各游牧部落，结束了各部落长期割据混战的局面，建立了统一的大蒙古国。

蒙古各部一直居住在斡难河（今鄂嫩河）中上游和不儿罕山（今肯特山）地区。在蒙古部的周围，分布着塔塔儿（即鞑靼）、克烈、乃蛮、斡亦剌等强部。因为塔塔儿是其中最强大的一个部落，所以塔塔儿的名称一直作为这些部落的共同名称。直到铁木真统一各部，建立政权之后，这些部落才逐渐合成一个共同体，采用"蒙古"作为民族的名称。

铁木真统一蒙古各族的斗争长达数十年。铁木真起初没有什么兵力，但依靠父亲生前的结拜兄弟王罕的支持，势力迅速壮大起来。蒙古札只剌部贵族札木合和泰亦赤兀部贵族塔尔忽台等在"十三翼之战"中将铁木真击败，但不久铁木真跟克烈部联合协助金军击败了蒙古草原上势力最强的塔塔儿部。铁木真被金朝封为"札兀惕忽里"，克烈部的部主脱里被封为"王"，其后被称为"王罕"。铁木真在金的庇护下，利用王罕的势力，在庆元六年（1201年）、嘉泰元年（1201年）先后击败了札木合、塔尔忽台的军队，他还联合王罕击败了蛮不欲鲁汗的进攻。但是随着铁木真越来越强大，王罕对其愈加猜忌，他们的矛盾越来越激化。1203年秋，铁木真袭击了一直与自己争战不休的王罕的金帐，王罕父子被打败。

1204年，铁木真在纳忽昆山击败乃蛮部落首领塔阳罕率领的各部联军，征服了塔阳罕所属的乃蛮部众。在以后的几年中斡亦剌等部相继臣服，漠北各部都成了新建立的大蒙古国的臣属。

◎金代孝行故事砖雕

宋开禧北伐金国失败

宋开禧二年（1206年），韩侂胄发动了对金战争，宋军不宣而战，攻取了金泗州两城、新息县等地。五月七日，宋宁宗正式下诏伐金。

金朝初期采取守势，在宿州、寿州等地击退了宋军的进攻。十月，平章政事督兵伐宋，开始了全面反攻，整个宋金边界都拉开战事。金军分九路进攻，很快将宋军打退，在月底，渡过淮河，围攻楚州。金兵两万人在楚州城下，列屯六十里。宋镇江副都

◎宋代绢本刺白鹰轴

统毕再遇率军连夜袭击金军的后方淮阴，在楚州坚守城池，跟金兵对峙。经过六合之战，金兵后退，毕再遇率军分路出击围困楚州的金军，金军看到形势不利，引军撤退，长达三个月的楚州之围得以解除。

十一、十二月间，金军又大举进攻，首先攻陷枣阳军、光华军、随州，又将襄阳府、德安府团团围住。

◎金代侍女像。难得的传神之作。

金军主帅仆散揆也渡过淮河，占领了南丰军等地，进攻合肥。形势对宋极为不利。接着，宋滁州、真州等地也相继失落，金军乘胜进攻，宋军纷纷败退。在紧急关头，西线的宋军主帅吴曦密谋降金，按兵不动，为金军南进创造了有利条件。十二月，金朝封吴曦为蜀王，吴曦在兴州（今陕西略阳）称王，将关外四州拱手献给金朝。吴曦称王四十一天后被部将杀死，但宋军此时已经元气大伤。

韩侂胄被迫向金请和。金朝虽然也无力再战，仍然提出"称臣、割地、献首祸之臣"三个苛刻条件。韩侂胄断然拒绝，积极动员，准备再战。朝中主和派坚决反对，礼部侍郎史弥远和杨皇后勾结，发动政变，将韩侂胄杀死。嘉定元年（1206年）六月，宋朝将韩侂胄的首级送到金朝，按照金朝的要求，双方又重订和约。开禧北伐彻底失败。

金南下侵宋

嘉定十年（1217年）四月，金军南下侵宋。

"嘉定和议"之后，金朝很快遭到蒙古军的不断攻击，被迫迁都到开封。疆土不断缩小，尚书右丞术虎高琪便劝说宣宗南下攻宋，以扩展版

◎金代吹笛俑

◎金代骑马武士砖雕

图。但胥鼎等朝臣竭力反对，主张联宋抗蒙。金廷内部围绕着攻宋扩土与联宋抗蒙问题，开展激烈论争。贞祐四年（1216年）冬，王世安献策取宋盱眙（今江苏）、楚州（今江苏淮安），被宣宗采纳。延续十多年的宋金战争，从此拉开了序幕。

嘉定十年（1217年）四月，金以宋拒纳岁币为由，命元帅左都监乌古沦庆寿，签枢密院事完颜赛不领兵渡淮南侵。攻破宋光州（今河南潢州）中渡镇，杀榷场官盛允升。庆寿分兵攻樊城（今湖北襄樊），围枣阳（今湖北），光化军（今湖北光化北）。又命平章政事胥鼎自陕西发兵四川。宋令京湖、江淮四川制置使赵方、李珏、董居谊部署抗敌。赵方亲临襄阳指挥，调兵遣将，督率扈再兴、陈祥、孟宗政等御敌，分三阵设伏金军，使之大败而退。孟宗政又率军驰援枣阳，击败金军。随即，京湖将王章、刘世兴也击败金兵于光山、随州。六月，宋下诏伐金，并传檄诏谕中原官吏军民。自此，金、宋连年交兵。

嘉定十二年（1219年）春，金左副元帅仆散安贞统兵攻宋。宋江淮制置使李珏命池州都统武师道及忠义军都统制陈孝忠率军援救，为金军所阻。金军进入淮南，宋廷为之震动。后宋淮东提刑知楚州贾涉节制忠义军，命红袄军李全、李福配合作战，在化湖陂杀金将数人，李全乘胜追击，大败金军于曹家庄。此后，金军不敢进犯淮东。

中国式佛教建筑艺术成熟

佛教在中国经过几百年的发展，宋朝时的佛教建筑形成了中国式的宗教建筑。

这种中国式的特点体现在佛寺建筑方面，是采用中国建筑的木构架和以若干单体建筑组成庭院群体的传统手法，以宫殿式的佛殿和法堂作为全寺的中心，整体布局形成纵轴式。这种布局将各主要殿堂布置在一条纵轴线上，每个殿堂前左右各置一座配

◎龙华寺塔

上的变化。较大的寺院可以并列有两条或三条纵轴，在侧轴部位可以建造塔院或花园，或者是利于方丈修行的静室和禅房等。河北正定隆兴寺是宋代布局，是纵轴式布局的优秀实例。而北京碧云寺是沿山区地形布置的纵轴式寺庙的佳作。

佛塔建筑的中国式特点也非常明显。宋代是我国建造佛塔的盛期，其建筑已由木结构向砖石结构转变，平面形式和外观更加丰富多彩，以楼阁式为主的几种主要佛塔类型都已出现。其中包括塔身砖砌、外檐采用木结构的塔种，如苏州报恩寺塔和杭州六和塔等；仿楼阁式木塔形制而全部砖造的塔种，如泉州开元寺双塔；以及砖石制造但在构造和外观上作适当简化的塔种，如河北定州开元寺塔和河南开封佑国寺塔等。泉州开元寺双塔可算作中国式佛塔的代表。两塔平面皆为八角形，高五层，塔下施须弥座，石刻莲瓣、力士、佛教故事等作为装饰。塔身仿照木结构，转角处隐出圆形倚柱，柱间石制栏额，塔心作巨型石柱，楼梯设在塔壁和石柱间，塔身以重条石砌成。两座塔结构紧凑，造型优美，充分体现了建造者的高超技术。

◎云南西双版纳曼飞龙白塔。建于1204年，是傣族佛教建筑。

◎庆华寺花塔

殿，形成三合或四合院落。这种排列有序的院落群可引导信徒有秩序地、有层次地观赏全部寺院，以达到信仰的高潮。轴线上各进院落可以借助主体建筑造型不同、院落空间大小不同以及附属建筑的不同以取得建筑艺术

成吉思汗率军西征

蒙古太祖十四年（1219年）六月，成吉思汗率二十万军队西征中亚古国花剌子模。

1218年，蒙古与花剌子模国发生纠纷，起因是该国国王摩诃末下令杀死了前来从事贸易活动的蒙古商队450人，没收了他们的所有财物，又杀害或污辱了成吉思汗派去斥问的使臣。此事惹怒了成吉思汗，于是他决定兴师问罪。

蒙军兵分四路，攻打花剌子模各军事重镇。参与征战的，有成吉思汗的四子术赤、察合台、窝阔台、拖雷及其他大将。成吉思汗安排察合台、窝阔台攻打该城，又给术赤等部署了任务，自己则和拖雷统率主力向不花剌（今乌兹别克斯坦布哈拉）进军，次年将其攻下并夷为平地，再克河中首府撒麻耳干（今乌兹别克斯坦撒马尔罕）。接着，命令已攻下讹答剌等地的察合台、窝阔台与术赤合攻花剌子模都城玉龙杰赤（今土库曼共和国库尼亚乌尔根奇）。国王摩诃末逃往你沙不儿（今伊朗霍腊散省内沙布尔）。蒙古军穷追不舍，把他逼到宽田吉思海（今思海）的一个小岛上，不久病死。太祖十六年（1221年），蒙古军连克诸城。蒙古军放水灌城，使之顿成泽国。札兰丁虽聚军奋力抗击，但终无法挽回败局。十一月，成吉思汗在申河（今印度河）大败札兰丁，几乎使他全军覆没。他逃入印度，再无力还手。翌年，成吉思汗任命花剌子模人牙老瓦赤及其子麻速忽治理西域诸城，并置达鲁花赤加以监控。成吉思汗平定西域后率众凯旋，于太祖二十年（1225年）东归蒙古草原。

◎成吉思汗陵中的成吉思汗征战马鞍

◎任仁发《出圉图》。画出蒙古马官出圉。

玻璃器制造相当发达

在宋、辽、金时代，我国的玻璃烧造业已相当发达，玻璃器皿的广泛使用给当时人的生活带来了许多便利，也带来了独特的装饰作用。

宋代的玻璃器皿种类比较多样，主要有玻璃瓶、玻璃葫芦瓶、玻璃葡萄、玻璃花瓣口杯、玻璃壶形鼎、玻璃鸟形物、玻璃宝莲形物、玻璃簪、玻璃饰等。《武林旧事》中还有南宋时杭州元宵节使用玻璃花灯的记载，这在当时是难度很大的制作。

当时的玻璃制造业还受到来自阿拉伯的玻璃器皿的影响。南宋在福建提举市舶使的赵汝适曾在《诸蕃志》中记录了阿拉伯各国玻璃器皿的优点及其配方，"添入南鹏沙，故滋润不裂，最耐寒暑，宿水不坏，以此贵重于中国。"当时杭州"七宝社"所经营的玻璃器皿中，有些是来自阿拉伯的产品。达官贵人争相收藏阿拉伯玻璃器皿。

这一时期制造的玻璃多属高铅玻璃，主要以铅、硝、石膏合成的配方烧制而成，如定县塔基出土的玻璃葫芦瓶，含铅量高达70.04%。西北地区与沿海一带往往掺入钾钠，而烧成钾铅玻璃。这种玻璃的特点是"色甚光鲜，质则轻脆"，不耐高温，故而宋代玻璃多用于装饰陈设，而难作饮食

◎玻璃花瓣口杯

◎玻璃瓶

器皿。阿拉伯玻璃传入后，这一缺陷有所弥补。

宋独尊朱学

南宋中期以后，程朱道学由于得到宋理宗的极力倡导扶植，完全取得了官学地位。宋理宗本人也因为独尊程朱理学，死后谥号为"理"。

南宋中期，程朱道学体系形成。但在孝宗和宁宗前期，由于朝中权贵对朱熹进行排挤，道学不被皇帝赏识，从庆元到嘉定（1195~1224年）的二十多年间，道学一直受到禁锢和压抑。因为开禧北伐失败，朝臣更替，史弥远执政等变故，为了制造舆论，宋朝廷开始提倡道学。

嘉定元年（1208年）九月，宋宁宗为朱熹正名，并且追赐谥号文正公。接着，朱熹的《论语集注》和《孟子集注》成为官定读本。嘉定十三年（1220年），朝廷追赐周程谥号，周敦颐为元公，程颢为纯公，程颐为正公，张载为明公。这样一来，天下州郡纷纷给周程建造祠堂，程朱道学的思想统治地位基本上确立了。

宋理宗即位后，对道学更是推崇备至。宝庆三年（1227年），他下诏褒奖朱熹的《四书集注》，又特别追赠朱熹为太师，追封为信

◎孔庙大成殿内的孔子塑像

◎朱熹信札

国公。理宗还撰写了《道统十三赞》，说伏羲、尧、舜、禹、孔子、孟子等十三人是一脉相承的道统，对他们大加赞扬。还亲自到太学，听祭酒等官员讲儒家经典，并且把《道统十三赞》送往国子监，让人宣读。理宗亲笔书写了朱熹订立的《白鹿洞学规》，颁赐太学。

从此，程朱道学成为封建王朝的统治思想。

丘处机与成吉思汗

元太祖十四年（1219年），成吉思汗在西征途中，派遣侍臣去登州（今山东掖县）邀请全真道人丘处机讲长生之道。丘处机于太祖十七年（1222年）率领十八名弟子启程谒见了成吉思汗。

丘处机晋见成吉思汗后，成吉思汗问他有什么长生药，丘处机回答说：世上只有养生之道，而没有什么长生不死的灵丹妙药。成吉思汗对他的诚实大为赞赏，命令在自己的御帐东边给丘处机建帐居住，留他住了六个月。在后来的交谈中，丘处机除了向成吉思汗介绍各种养生之道外，还特别针对蒙古军队的屠杀掠夺，一再讲述他的政治观点，建议成吉思汗敬天爱民治国，选举贤才，施行仁政，这样才能使国家长治久安。成吉思汗对丘处机的忠顺和建议大为欣赏，命令翻译把他的话记录下来，传给子孙后代，并且尊称丘处机"神仙"。丘处机返回时，成吉思汗任命他管理全国道士，并且对丘处机的门人说，如果他们每天给皇帝祝寿诵经，今后免除一切差役赋税。

丘处机雪山之行后，全真道开始在北方中原势力超过了所有的宗教，显赫一时。丘处机本人东归后，在元太祖二十二年（1227年）病死在燕京太极宫。

◎成吉思汗像

◎金代《义勇武安王位》年画

《西游录》

文化小辞典

耶律楚材是蒙古国的开国重臣。1219年,他随成吉思汗西征,此后六七年一直留驻西域寻思干城(撒马尔罕城)。并因此著有《西游录》一书,记载13世纪初西域及中亚一些地方的情况。《西游录》的内容包括有西域及中亚的山川物产、风土人情、城郭关塞等。如对寻思干城的名称由来、地名含义、货币、园林、泉水、池沼、花果瓜木、谷物、气候、酿酒、棉织品、服装等,都有记载,对当时伊犁河一带的地理和农业发展也有生动的描述。还有耶律楚材对中亚楚河—塔拉斯河一带地理情况的描述,特别是他亲自见到唐碎叶镇的故墟、唐凿渠道修石的遗址,以及唐节度参谋、检校刑部外郎太原王济的石碑,为研究这一带的地理沿革提供了重要资料。

《西游录》是研究元代初年中亚地区历史地理的珍贵文献,虽然它已经失传,但流传在坊间的节录本仍可参见其详。

耶律楚材对边疆及中亚地区的发展和地理视野的扩大作出了重要贡献。

◎耶律楚材像

蒙古军六征西夏·西夏灭亡

太祖元年(1206年)三月,成吉思汗于蒙古建国后第一次率军攻入西夏,掠走大量牲畜,从此拉开了灭除割据西北近两个世纪的西夏的序幕。

太祖二年(1207年)秋,成吉思汗以西夏不纳贡为理由出征西夏,攻至斡罗孩城,遭到西夏军抵抗,不敢深入腹地,乃于次年春退回。

太祖四年(1209年)秋,成吉思汗再征西夏。西夏太子承桢、大都府令公高逸率军五万抗击而失败,高逸被俘处死。蒙古军进攻西夏首都中兴府(今宁夏银川)外塞克夷门,与率五万西夏军的嵬名令公相持两个月。后蒙古设计擒伏嵬名令公,攻克

◎西夏木缘塔,内装骨灰,外写梵文咒语。

◎西夏壁画《弥勒经变》局部

夷门，接而引河水灌城，却因外堤决口而浸了自己，只好撤回议和。西夏承诺纳贡，送公主和亲，之后多次助蒙攻金。

太祖十三年（1218年），成吉思汗复以西夏拒绝发兵随蒙古西征为借口，遣军攻入西夏，包围中兴府，逼使西夏国主李遵顼逃命西凉（今甘肃武威），并派使者请降，蒙军才退走。

太祖十九年（1224年）秋，成吉思汗以西夏私与金朝议和而派木华黎之子孛鲁大军入侵西夏，俘大将塔海。

太祖二十年（1225年），成吉思汗从西域返蒙古，次年又以西夏曾纳任人亦剌合·桑昆和不遣质子而亲率大军侵西夏。自此攻城掠地，连战皆捷。太祖二十二年（1227年）正月，成吉思汗分兵围困中兴府，自己则率军进攻金朝。六月，西夏末帝李睍派人议降，请求宽限一月献城。七月，成吉思汗于清水（今甘肃清水）病逝。蒙古军遵照他的临终嘱咐，秘不发丧，以防生变。三日后，李睍出降，西夏灭亡。

宋蒙联军灭金

金天兴三年（1234年）正月，宋与蒙古军联合攻克蔡州，金国灭亡。

蒙古窝阔台汗四年（1232年）十二月，蒙古宋朝达成协议，联合攻取金国。宋绍定六年（1233年）八月，宋将孟珙出兵迫降邓州，攻取唐州。九月，蒙古军筑长垒围蔡州。金军多次击退宋蒙联军的进攻。秋，金哀宗深感亡在旦夕，大臣完颜阿虎带献策抢在蒙古之前结好南宋，并向宋乞粮求和，达到离间宋蒙、延缓腹背受敌的目的。金主在信中说唇亡齿寒，自然之理，希望宋能与金联合，宋见金亡已成定局，拒绝金的乞和求粮。端平元年（1234年）正月，蔡州兵力粮尽，哀宗禅位完颜承麟，即位礼毕，宋军已占南城。哀宗自缢，一百多名将士赴汝水而死，承麟为乱军所杀，自此，金亡。

宋海上丝绸、陶瓷之路通达世界

宋代鼓励海外贸易，海外贸易比之唐代有了较大的发展，市舶之利成为国家财政收入的重要组成部分。在南起琼州，北至密州的广大沿海地区，都有政府设立的市舶机构，专门管理海外贸易和商船的进出。广东、泉州、明州（宁波）成为宋代对外贸易的三大海港。

宋代中国和亚非各国经济上的交流，最具有代表性的是丝、瓷的输

©内蒙古上京南塔

◎瓜棱形盒,宋代瓷盒中的上品,装药品、香料之器。

◎南宋褐色罗印花褶裥裙

出和香、药的进口。在中国出口的货中,从宋初开始,便是以金、银、缗钱、铅、锡、杂色帛和瓷器为主,中国帆船曾经频繁地出没于北起高丽、日本,南至苏门答腊、爪哇,西抵印度、阿拉伯、东非的许多口岸,担当了丝帛和瓷器的出口,香料和药材的进口任务,同时也担当将中国的丝、瓷文化向广大海外世界传递的重任。

中国的瓷器一向以色泽晶莹、纹饰绚丽著称于世,深受各国人民的喜爱。从8世纪末起,中国瓷器就开始大批出口海外各国,外销瓷的繁荣期达一千年之久。华瓷大量外销,出现了所谓的海上陶瓷之路。

总之,宋代海上丝绸之路、陶瓷之路通达世界各地,丝绸与瓷器大量外销,为许多民族增添了新的生活用品,输送了新的艺术图样,为世界文明的发展作出了巨大贡献。

忽必烈效行汉法筹建元朝

元中统元年(1260年)四月,忽必烈在开平颁布《即位诏》,称皇帝,为元世祖;五月,他又仿照中原封建王朝以年号纪岁之法,建元"中统",创蒙古政权建元纪岁之始。

不久以后,忽必烈的幼弟,阿里不哥也在漠北称汗,发兵南犯。忽必烈在此后三年内,凭着汉地丰富的人力、物力击败了阿里不哥,又镇压了山东的叛乱,使自己的统治稳固下来。

忽必烈即位之后,大力效行汉法,筹建元朝。他采取了一系列措施,主要包括:①削藩夺权。选派嫡亲宗上镇守边防要地,代表皇帝管理镇区政务、征收赋税,逐步建立起皇帝至上的宗室"金字塔"秩序。②加强对汉地的控制。在任用汉人官员推行汉法的同时,也在各级政权中任用色目人,使之互相牵制,并以蒙古人为诸司之长,以维护其统治特权。③设置中央。地方军政机构,逐步建立完善的国家。加强中央对各种军队的控制，建立侍卫亲军，环卫京畿和威慑地方势力。④垦荒屯田，兴修水利，确定赋税数额，促进社会生产的恢复和发展。⑤对宋采取步步进逼的战略，着手准备统一全国的战争。

经过十年的努力，建立元朝的各项准备工作基本完成，忽必烈正式将国号改为"大元"。

蒙古政治汉化

中统元年（1260年）四月，忽必烈遵用汉法，在中央设立中书省总领全国政务，又置十路宣抚司为地方最高行政机构。派到各地行使中书省的职权，简称行省。至元二十年（1283年）前后，行省官员不再以中书省官系衔，行省也从都省派出机构演变为地方最高行政机构，成为一级政区的名称。

中统元年（1260年）忽必烈即位后，任命喇萨迦派法主八思巴为国师，统领天下释教。至元元年（1264年），又在中央置总制院，管辖全国佛教事务及吐蕃僧俗政务，由国师八思巴领院事（八思巴升号帝师后，就由帝师领院事）。至元二十五年（1288年），总制院改为宣政院。

蒙古国时期，蒙古是以札鲁忽赤（断事官）总司法行政事务。忽必烈即位后，将处理国家政务的权力移交

◎蒙古杂剧陶俑

◎元墓壁画《门卫》

给了新立的中书省，札鲁忽赤就成为专门的司法长官，于至元二年（1265年），设大宗正府为其官署。但大宗正府并非蒙古唯一的司法系统。各机构下还设有自己的断事官，枢密院、金玉府、总制院（宣政院）等都自行处理各自的涉讼，终元之世，也没形成统一的司法系统。

为了纠察百官善恶，谏言政治得失，追理财赋，至元五年（1268年）七月，忽必烈设御使台。至元五年十一月，开始议定朝仪，整理百官姓名，各依班次，听通事舍人传呼赞引然后进，一改喧扰无序的原状。至元七年（1270年）正月，忽必烈设尚书省专管财赋。

南宋时，地方办学曾非常普遍。蒙古学习宋制，于至元七年（1270年）二月立社制，规定每社立学校一所，谓之社学，选择通晓经书者为师，农闲时令子弟入学。第二年，又开办了国子学，增置司业、博士、助教各一员，选随朝百官近侍蒙古、汉人子弟和俊秀者为生徒。

以上便是忽必烈即位后采取的一系列汉化措施，这些政治举措对稳定元朝的统治秩序起了重大作用。

◎忽必烈像

◎忽必烈狩猎图

宋辽金夏

小文化辞典

《武林旧事》

《武林旧事》是追忆南宋都城临安城市风貌的著作，共10卷，宋末元初周密撰，该书成于元世祖至元二十七年（1290年）前。

《武林旧事》为作者抱遗民之痛、叹亡国之恨、追忆南宋都城临安昔日繁盛而作。武林即临安，今杭州仍有武林门。作者依据"词贵乎纪实"的精神，对南宋乾道、淳熙年间之朝廷典礼、山川风俗、市肆经济、四时节物、艺文手工等等情况多所记载，所记多据耳闻目睹和故书杂记，颇为真实。

该书为了解南宋城市经济、文化和市民生活以及都城面貌、宫廷礼仪等，提供了较可靠和准确的史料。其中，《诸色伎艺人》和《官本杂剧段数》所载对于研究南宋文学、艺术和戏曲，尤为珍贵。

◎南宋银盖瓶

◎南宋八卦银杯

宋慈

宋慈，字惠父，福建建阳人，南宋宁宗朝进士，历任多地行政、司法官员。为了"洗冤泽物"，他特采撷前人折狱著作中有关法医检验的案件实例，结合自己的实践经验，加进去自己的意见，总为一编，这就是《洗冤集录》。《洗冤集录》是中国最早的一部比较完整的法医学专著，也是世界上第一部法医学专著，比意大利人佛图纳图·菲德利所著的欧洲第一部法医学著作要早三百五十多年。

《洗冤集录》共五卷，共有四部分，其第一部分是将宋代历年公布的同法医检验有关的法令汇总。第二部分是检验总论，包括法医检验人员的一般办事原则、检验原则以及技术操作程序等。第三部分是关于验尸、验骨、验伤、中毒等各种死伤的核对和区别的方法。第四部分里有关各种急救的方法和药方，包括对自缢、溺水、冻死、杀伤、胎动等数十则。

◎宋慈像

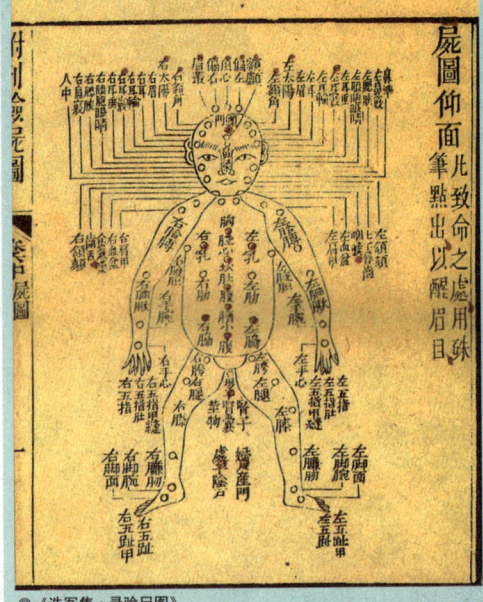

◎《洗冤集·录验尸图》

宋人揩牙

宋代人非常重视口腔卫生,每天早晨或晚上临睡前有用揩齿粉末揩齿的习惯。太宗年间的《太平圣惠方》中记载的揩齿粉配方达九种之多,其中包括七宝散方、龙脑散方、槐枝散方、桑葚散方、贝齿散方、升麻散方、寒水石散方和龙花蕊散方等。这些牙粉都是用中草药为原料配制而成的,据说长期使用,效果"甚佳"或"甚验"。在南宋时,人们还发明了牙刷。在临安市场上,"诸色杂货"中有一款是"刷牙子",这就是牙刷。当时在临安金子巷口还开设有"傅官人刷牙铺",这是宋理宗时很著名的一家店铺,也是世界上第一家专门销售牙刷的商店。

除了揩齿、刷牙之外,人们还主张经常漱口,保持口腔的卫生。杨士瀛认为,暑毒、酒毒常常伏于口齿之间,所以,"临睡洗毕,至于晨兴,灌漱一口"可以去除毒素。(《仁直指·齿论》)苏轼则主张用浓茶漱口,这样便可以使牙齿"坚密,蠹病自己"(《苏轼文集·杂记·漱茶说》)。这是很有科学道理的。

宋代的口腔医学也得到充分发展,出现了专门的口腔科。牙医不仅治疗牙病,还会镶补牙齿。陆游和楼钥就都曾写过诗文赞美"以补种坠齿为业"(陆游:《剑南诗稿·岁晚幽兴》)的牙医。

◎宋体痰盂

两宋南北饮食系统

宋代社会经济取得了长足的发展,使得烹饪技术不断提高和饮食业不断发展,北宋时,南食、北食两大系统已经形成,为以后的中国汉族

◎黑釉剔花梅花纹瓶

饮食习俗奠定了基本格局。

南食和北食的差别在于,南食以稻米制品为主食,荤菜主要是猪肉和鱼;北食则以麦面制品为主食,荤菜以羊肉为主。南方人一般不吃面食,但这种饮食习俗到南宋初出现了很大变化。靖康之变以后,北方人大批南迁。由于这些南移的北方人爱吃面食,致使面食的消费量激增,麦价上扬。

在宋代的荤菜方面,北宋时北食以羊肉为主,南食以猪肉为主。东京饮食店中有各种羊肉食品,如旋煎羊白肠、批切羊头、虚汁垂丝羊头、乳炊羊肫等,还有专门的熟羊肉铺。连御厨所用羊肉和猪肉的比例也是一百比一。南宋时,羊肉在肉食中依旧保持相当大的比重。

与羊肉相比,临安城里的猪肉更多,城内外的肉铺不计其数。每家肉铺的肉案上都挂着十多片猪肉,大瓦

◎宋代耀州窑青釉印花碟

修义场形成了"肉市",巷内两街都是屠宰之家,每天宰猪不下数百头。当时许多猪肉店铺还组织起"行"。这些都说明临安居民食用猪肉之多。

可以说,经过一个多世纪南食和北食的融合,到南宋末年,临安的饮食已无严格的南北地区的差异。经过长时间的混居,已经形成"水土既惯,饮食混淆,无南北之分"的格局。

◎宋代《春宴图》。体现了宋代饮食文化的特征。